Lutz Becker/Andreas Lukas (Hrsg.)

Effizienz im Marketing

Edition GABLERS MAGAZIN

EDITION ■ **GABLERS MAGAZIN**

Lutz Becker/Andreas Lukas (Hrsg.)

Effizienz im Marketing

Marketingprozesse optimieren statt Leistungspotentiale vergeuden

Die Deutsche Bibliothek – CIP-Einheitsaufnahme

Effizienz im Marketing : Marketingprozesse optimieren statt
Leistungspotentiale vergeuden / Lutz Becker ; Andreas Lukas
(Hrsg.). – Wiesbaden : Gabler, 1994
(Edition Gabler's Magazin)
(Gabler Management)
ISBN 3-409-18775-8
NE: Becker, Lutz [Hrsg.]

Der Gabler Verlag ist ein Unternehmen
der Bertelsmann Fachinformation.
Betriebswirtschaftlicher Verlag Dr. Th. Gabler GmbH, Wiesbaden 1994
Chefredaktion: Dr. Andreas Lukas

Höchste inhaltliche und technische Qualität unserer Produkte ist unser
Ziel. Bei der Produktion und Verbreitung unserer Bücher wollen wir die
Umwelt schonen: Dieses Buch ist auf säurefreiem und chlorfrei
gebleichtem Papier gedruckt. Die Einschweißfolie besteht aus Polyäthylen
und damit aus organischen Grundstoffen, die weder bei der Herstellung
noch bei der Verbrennung Schadstoffe freisetzen.

Druck und Verarbeitung: Wilhelm & Adam, Heusenstamm

Printed in Germany
ISBN 3-409-18775-8

Vorwort

Trotz erster Lichtstrahlen am Konjunkturhimmel befindet sich das Marketing in der Krise. Herkömmliche Strategien und Instrumente sind angesichts strukturell belasteter Märkte nicht mehr in der Lage, die Absatzziele der Unternehmen langfristig zu verwirklichen. Sich auflösende Marktstrukturen fordern ihren Tribut: Es wird immer schwerer, Produkte und Dienstleistungen am Markt zu plazieren. Gesättigte und stagnierende Märkte, enormer internationaler Wettbewerbsdruck, immer unkalkulierbarere Abnehmer und auch der dramatisch verfallendende Grenznutzen der Kommunikation lassen herkömmliche Marketingstrategien immer öfter im Sande verlaufen.

Da nun aber jedes Unternehmen von seinem Markt lebt, ist eine Krise des Marketing immer auch eine Krise des Unternehmens: Die rapide voranschreitende Komplexität und Dynamik der Rahmenbedingungen (beschleunigte Diffusionsprozesse, Internationalisierung usw.), die zunehmende Differenzierung und Fragmentierung der Absatzmärkte (Szenenmärkte, europäische Regionalisierung usw.), scheinbar unkalkulierbar werdende Veränderungen im Nachfrageverhalten (hybride und invariante Verbraucher, Trendbrüche bei der Beschaffung von Investitionsgütern etc.) sowie stetig schneller werdende Zyklen für Produkt- und Verfahrensinnovationen (bei Informations- und Kommunikations-Technologien) zwingen Unternehmen zu einem Maß an Flexibilität und Effizienz, daß sich mit den herkömmlichen Konzepten und Strukturen kaum mehr erreichen läßt.

Die Unsicherheit vieler Manager mündet denn auch in hektischem Aktionismus. Statt Sicherung dauerhafter struktureller Erfolgs- und Wettbewerbspositionen wird auf der Angebotsseite, eine preis- und konditionenbasierte Verdrängungspolitik betrieben, die letztlich nur zu Renditeverlusten und damit zum Verlust wettbewerblicher Schlagkraft führt. Nach innen heißt die Standardreaktion allzu häufig konsequente Kostensenkung. Unternehmerischer Erfolg ist aber noch nie über Kosteneinsparungen, sondern immer nur über Aktivität und Leistung in bestehenden oder neuen Märkten realisiert worden.

Allzu häufig werden undifferenziert Kosten gesenkt. Die iterativen Wirkungen auf das Umfeld, besonders auf Markt und Wettbewerb, aber auch auf Mitarbeitermotivation und -leistung, bleiben unberücksichtigt und können sich als gefährlicher Bumerang erweisen. So undifferenziert verstanden und angegangen, kann sich Rationalisierung im Marketing sehr schnell als der preiswerteste Weg in die Pleite entpuppen.

Dieses Buch soll deshalb als der Versuch verstanden werden, die Grundlagen für eine Neuorientierung des Marketing zu schaffen, nämlich als integratives Unternehmens- und Managementkonzept für die effiziente Führung eines Unternehmens vom Markt her. Die Herausforderungen heißen strategische Neuorientierung (interaktive Produkt- und Leistungspolitik, Serviceorientierung, neue Controllingkonzepte usw.), Optimierung und Rationalisierung des Instrumentaleinsatzes (mittels interaktiver Absatzsysteme), Nutzung neuer technologischer Optionen (EDI, Corporate Network) sowie konsequente Anwendung neuer organisatorischer Konzepte (Prozeßorientierung, Networking).

Es werden praktikable Methoden und Werkzeuge vorgestellt. Sie zeigen, wie Prozesse und Objekte des Marketing unter Effizienzkriterien erfolgreich gesteuert werden können. Wir wollen Wege aufzeigen, mit denen die Marketingkrise bewältigt und der Aufschwung erfolgreich gemeistert werden kann. Marketing-Effizienz heißt für uns, Prozesse zu optimieren statt Leistungspotentiale zu vergeuden.

Solingen, Wiesbaden,   Dr. Lutz Becker
im August 1994   Dr. Andreas Lukas

Inhalt

Prozeßoptimierung im High-Tech-Marketing

Outsourcing von Marketing-Prozessen

Service – Wege zu neuen Geschäftspotentialen und höherer Kundenbindung

Electronic Commerce – Effiziente Gestaltung von Geschäftsabläufen

Multimedia-Marketing – Kommunikative Rationalisierung

Personalkonzepte für mehr Effizienz

Marketing-Effizienz – Wege zum Lean-Marketing

Lutz Becker

Dr. Lutz Becker ist Unternehmensberater bei der Gora, Hecken & Partner – Corporate Systems Management- und Technologieberatung GmbH. Er ist im Bereich Marketing sowie Informations- und Kommunikationsmanagement als Berater international tätig, Lutz Becker ist Dozent für Marketing an der Technischen Akademie Wuppertal und Autor zahlreicher Veröffentlichungen.

■ *Werden schlankes Marketing und Rationalisierung allzu einseitig als Alibi planloser Kostensenkung betrachtet, führt der Weg garantiert ins Verderben.*

■ *Nur mittels zeitgemäßer Kommunikationstechnologien und -konzepte ist es überhaupt noch möglich, relevante Leistungs- und Effizienzvorsprünge im Marketing zu generieren.*

■ *Effizienzpotentiale liegen nicht nur in den Marketingstrukturen und -prozessen. Die unmittelbare Kommunikation mit dem Kunden, der persönliche Beratungs- und Verkaufsprozeß, kann rationalisiert und optimiert werden.*

Radikal umdenken!

Qualitativ veränderte Rahmen- und Marktbedingungen, wie

- die zunehmende Globalisierung, Sättigung, Differenzierung und Fragmentierung der Absatzmärkte,

- rapide Veränderungen im Nachfrageverhalten,

- neue unternehmensübergreifende Organisationsformen sowie

- stetig schneller werdende Zyklen für Produkt- und Verfahrensinnovationen

sind nicht die aktuelle Zuspitzung einer zufälligen Situation, sondern die vorhersehbare Konsequenz einer stringenten ökonomischen Entwicklung.

Es kam also wie es kommen mußte. Immer höhere Kosten und sinkende Absatzchancen treiben viele Unternehmen in die Krise. Herkömmliche Management- und Marketingkonzepte sind nicht mehr in der Lage, das Wechselspiel der marktlichen und informationstechnologischen Herausforderungen zu bewältigen. Unternehmen werden zu einem Grad an Flexibilität und Anpassungsfähigkeit gezwungen, der sich mit den herkömmlichen Organisationsmustern und -strukturen kaum mehr erreichen läßt. Nicht mehr zeitgemäße Strategien, Strukturen und Instrumente paralysieren das Unternehmen am Markt, senken die Reaktionsfähigkeit und verhindern die Adaption immer kürzerer Markt- und Produktlebenszyklen in einem Wettbewerb, in dem Zeit zum entscheidenden Erfolgsfaktor wird.

Jüngere effizienzorientierte Unternehmenskonzepte propagieren deshalb auch die Abkehr von einer starren sklerotisierten Organisationsform hin zu organischen Unternehmensstrukturen, zu teambasierten Netzwerken, zu strategischen Allianzen, Kooperationen und Partnerschaften. Das schlanke Unternehmen gilt heute gemeinhin als das Erfolgsrezept: Kleine Einheiten nahezu ohne Hierarchien, Wasserköpfe und organisatorischen Ballast sollen flexibler am Markt operieren, sich schneller auf Veränderungen einstellen und bei immer geringeren Kosten wirtschaftlicher am Markt agieren.

Die schlanke Marketing-Falle

Konsequente Kostensenkung ist für viele Unternehmen immer noch die scheinbar einfachste, schnellste und damit auch die bevorzugte Form der Rationalisierung. So auch in Marketing und Vertrieb. Marketingkosten werden konsequent abgebaut, Vertriebsorganisationen abgespeckt. Wie das ganze Unternehmen sollen selbstverständlich auch Marketing und Vertrieb immer schlanker und wettbewerbsfähiger werden.

Dieser Weg wurde von vielen amerikanischen Firmen während der letzten Rezession mit höchst zweifelhaften Erfolgen eingeschlagen: mit immer geringeren Kosten, immer weniger Mitarbeitern wurde an immer weniger Kunden immer weniger verkauft. Es ist schon fast eine Binsenweißheit: In Marketing und Vertrieb werden die Kosten nur allzu häufig zu Lasten des Erfolgs gesenkt. Unternehmerischer Erfolg ist aber noch nie über Kosteneinsparungen, sondern immer nur über Aktivität und Leistung in bestehenden oder neuen Märkten realisiert worden.

Die Situation ist geradezu typisch: Bei stagnierendem Markt erhöht sich der Wettbewerbsdruck, die Marktanteile gehen zurück. Der Umsatz bricht – oft urplötzlich und unerwartet – zusammen, doch die Kosten entwickeln sich konstant weiter. Hinzu kommt der Preis- und Konditionendruck am Markt, die Gewinne schmelzen dahin.

Wie die Zauberworte auch heißen mögen – Rationalisierung, Downsizing, Reengineering – verstanden wird leider immer nur dasselbe: Kostensenkung. Es wird weniger geforscht, weniger neue Produkte werden entwickelt – man ist eben vorsichtig. Auch der Marketing-, Vertriebs- und Servicebereich bekommt es zu spüren: Personal und Sachmittel werden reduziert. Die Kosten gehen schnell zurück – vielleicht steigen sogar erst einmal die Erträge.

Da jedoch in den seltensten Fällen wirklich neue Konzepte realisiert werden, wendet sich das Bild schnell: der angestammte Markt ist mit den vorhandenen Ressourcen kaum noch zu halten, das Unternehmen zieht sich verstärkt auf Marktnischen und -segmente zurück.

Die „neuen" Nischen und Segmente fordern allzu schnell ihren Tribut. Die Produkt- und Servicepalette muß erweitert, kleine Fragmente müssen intensiver vertrieblich bearbeitet werden. Der proportionale Marketingaufwand geht in die Höhe. Neben den unter Umständen höheren Produktkosten (verursacht durch Rüstzeiten, Abbau von „economies-of-scale", höhere Lernkosten usw.) ist in der Regel auch ein Anstieg der Kommunikations- und Transaktionskosten zu beobachten.

Hat man bislang eher halbherzig versucht, die bestehenden Konzepte auf neue Märkte zu übertragen, so fehlt jetzt für offensive, marktkonforme Strategien bereits das finanzielle Potential. Die Finanzkraft wird noch weiter geschwächt. Die halbherzigen Versuche, neues Terrain zu gewinnen, werden vom Wettbewerb wahrgenommen und konterkarriert. Absatz und Marktanteile gehen weiter zurück, die Renditen fallen. Der Teufelskreis schließt sich.

Immer wieder werden Kosten gesenkt, ohne veränderte Rahmenbedingungen oder indirekt resultierende Effekte ausreichend ins Kalkül zu ziehen. Man stellt oft nicht einmal die Frage, wie der Kunde auf die Maßnahmen reagieren könnte. Die rückkoppelnden Wirkungen auf Umfeld, Kunde, Markt und Wettbewerb – aber auch auf Mitarbeitermotivation und Mitarbeiterleistung – bleiben unberücksichtigt und können sich als gefährlicher Bumerang erweisen. Ist „schlankes" Marketing also nur der preiswerteste Weg in die Pleite?

Kostensenkung im Marketing?

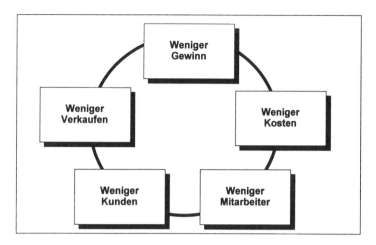

Grundzüge einer effizienten Marketing-Konzeption

Marketing-Effizienz kann nicht heißen, einfach nur die Kosten zu senken. Der Schlüssel zu effizientem Marketing liegt im angemessenen Kosten-/ Leistungsverhältnis sowie dem möglichst optimalen Einsatz der verfügbaren Marketing-Instrumente bei flexibler Anpassung an sich immer schneller wandelnde Rahmenbedingungen – ganzheitliches, holistisches Denken ist gefragt. Will sich ein Unternehmen in diesem Marktumfeld behaupten, muß es in der Lage sein, sowohl das eigene Angebot als auch die (Marketing-) Organisation in bezug auf

■ Produkte und Dienstleistungen,

■ regionale und zeitlich befristete Marktchancen,

■ Zielmärkte, Szenen und einzelne Abnehmer immer schneller und konsequenter anzupassen.

Vor allem gilt es, sowohl den Dialog mit dem Kunden und Verbraucher als auch die betrieblichen und überbetrieblichen Organisationsprozesse, den neuen Gegebenheiten anzupassen, wobei die Informations- und Kommunikationstechnologie zugleich Rahmen, Voraussetzung, Motor und Hebel des Umgestaltungsprozesses ist.

Organisationseffizienz im Marketing – Wege zur flexiblen und kundennahen Prozeßorganisation

Das Paradigma effizienten Marketings heißt nicht Kostensenkung, sondern vielmehr planvolle und flexible Leistungs- und Kostenallokation.

Die Idee der Marketing-Effizienz basiert vor allem auch auf dem fortwährenden Infragestellen bestehender organisatorischer Muster. Da es keine Organisation verträgt, schlagartig auf den Kopf gestellt zu werden, sollte das organisatorische Gefüge in drei Phasen, unter besonderer Berücksichtigung der jeweiligen Markt- und Kundendisposition und deren Reaktion auf die einzelnen Maßnahmen, optimiert werden.

In der ersten Phase werden kurzfristig mögliche Anpassungsmaßnahmen vorgenommen. Vor allem geht es darum, das Marketing von organisatorischen und bürokratischen Hemmnissen freizustellen, die sich gerade in fetten Jahren immer wieder bilden. Hier stellt sich die Frage, an welcher Stelle eine leistungshemmende Überorganisation abgebaut werden kann und welche Bereiche mit – gemessen an der anteiligen Leistung – unverhältnismäßigem Personal- und Sachaufwand ausgestattet sind.

In der zweiten Phase geht es um die Anpassung der Organisation an bestehende und künftige Wertschöpfungsprozesse, besonders um den Abbau strukturbedingten Marketing-Overheads und die

Prozeßanalyse und -design: Diagnoseverfahren

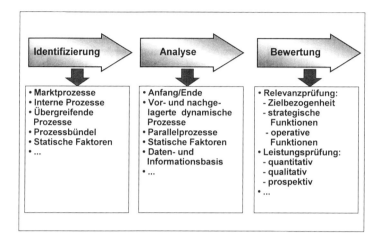

organisatorische Stärkung produktiver, wertschöpfender Funktionen. Schnittstellen- und Koordinationskosten nach innen und außen sollen abgebaut werden. In dieser Phase wird der eigentliche Grundstein einer effizienten Marketing-Organisation gelegt:

- Abbau unnötiger Hierarchien (Downsizing),

- Analyse, Strukturierung und Neugestaltung der wesentlichen Prozessen nach Ziel-, Strategie-, Kosten- und Leistungsvorgaben,

- Auslagerung strategisch weniger relevanter Funktionen (Outsourcing, Marketingcluster und -netzwerke),

- Aufbau einer umfassenden Informations- und Kommunikationskonzeption (Integrales Informations- und Kommunikationsmanagement)

In der dritten Phase geht es um die Optimierung und Neugestaltung der eigentlichen Wertschöpfungsprozesse, insbesondere um die

Schaffung einer marktorientierten Kultur bei Stärkung und Optimierung der Kernaktivitäten. Ergebnis ist eine prozeßorientierte Marketingorganisation, die in der Lage sein sollte, sich – quasi in einem Fließgleichgewicht – permanent wechselnden Rahmenbedingungen anzupassen (Permanente Prozeßoptimierung – PPO).

Dieser Prozeß sollte keinesfalls als Reengineering – also technisch-deterministisch – verstanden werden. Eine lebende Organisation kann man nicht „umbauen" wie ein technisches System, eine Maschine. Es beinhaltet weit mehr, die Weiterentwicklung eines komplexen, „eigensinnigen" und damit gegen äußere Eingriffe höchst anfälligen sozio-ökonomischen Systems.

Alles ist Information – Information ist alles

Eigentlicher Dreh- und Angelpunkt der neuen unternehmerischen Herausforderungen ist die Qualität der technologiegestützten Informations- und Kommunikationsprozesse. Die immer zunehmende Mediatisierung der Geschäftssphäre konfrontiert uns mit einem informationstechnischen Paradoxon. Die immer weiter um sich greifende Technisierung der Informationsbeziehungen führt zu einem rasanten Anstieg von Dynamik und Komplexität sowie dadurch verursachter Risiken. Diese lassen sich ihrerseits nur mit noch mehr und noch leistungsfähigerer Informationstechnik bewältigen: eine sich immer schneller windende Spirale der Mediatisierung.

Vor diesem Hintergrund ist der konzentrierte Einsatz neuer Technologien die entscheidende Voraussetzung für effizientes Marketing. Nur mittels des massiven konzeptionsbasierten Einsatzes von Informations- und Kommunikationstechnologien ist es überhaupt noch möglich, relevante Leistungs- und Effizienzvorsprünge zu generieren.

Informationen müssen vollständig, präzise und zeitnah erfaßt, analysiert und bewertet werden. Gleichzeitig sind die internen und externen Kommunikationsprozesse, die netzwerkartige Versorgung der Beteiligten mit Information zu unterstützen.

Deutsche Unternehmen und Manager neigen im Gegensatz zu vielen US-amerikanischen Unternehmen immer noch dazu, Information zu „claimen". Information wird als Herrschaftsgut aufgefaßt und nur spärlich verteilt. Häufig besteht eine unterschwellige Angst vor zuviel Transparenz, die ja bekanntlich verwundbar macht. Ganz anders reagiert dort etwa der Silicon-Valley Computerbauer Apple. Apple öffnet das eigene elektronic-mail System „AppleLink" für Marktpartner (Hersteller von Peripherie-Produkten, Softwarehersteller, Händler, Anwender usw.). Damit wird einerseits Vertrauen und Transparenz geschaffen, andererseits wird damit aber auch die Apple-Welt in einem gewissen Sinne als komplexes Netzwerk, als virtuelle Organisation, gesteuert und koordiniert.

Die Abkehr von hierarchischen Strukturen zu effizienten prozeßorientierten Strukturen im Marketing geht einher mit einer Dezentralisierung der Informationsverarbeitung.

Informationen werden nicht mehr zentralisiert, sondern prozeßbezogen in die Vorgangsbearbeitung eingebracht, bis ein in sich geschlossener großzügig automatisierter Arbeitsablauf (work-flow) zustande kommt. Diese heute mögliche Form der Automatisierung ist Voraussetzung für die Entschlackung der Wertschöpfungsprozesse und Einführung prozeßorientierter statt hierarchischer Formen der Arbeitsorganisation. Die informations- und kommunikationstechnischen Voraussetzungen werden dabei parallel zur organisatorischen Umgestaltung *in drei Phasen* realisiert.

In *der ersten Phase* werden die Systeme dezentralisiert und gleichzeitig mehr Intelligenz und Flexibilität an den einzelnen Arbeitsplatz gebracht. Ziel dieser Phase ist die möglichst optimale Unterstützung flexibler Sachbearbeitungsprozesse mittels Arbeitsplatzrechnern, internen Netzwerken, elektronischer Post,

Archiv- und Vorgangsbearbeitungssystemen. Die erste Phase zielt auf die optimale Unterstützung der internen Abläufe und Prozesse. Die individuelle Informationsverarbeitung soll optimiert, die Sachbearbeitung flexibler und effizienter gestaltet werden. Eine Erhöhung der Reaktionsfähigkeit des Unternehmens am Markt wird auf diesem Wege ebenso angestrebt wie die Reaktion auf Kundenbedürfnisse (z. B. Auskünfte, Service etc.). Gerade teamunterstützende Lösungen und Systeme intensivieren die Zusammenarbeit, reduzieren Abstimmfunktionen und „synchronisieren" das Denken und Handeln in heterogenen Arbeitsgruppen.

In *der zweiten Phase* werden die Marktpartner in das System einbezogen (Electronic Data Interchange, Inter Company Communication). Statt Bestellungen und Rechnungen auf Papier auszudrucken, per Post zu versenden, um sie auf der anderen Seite wieder zu erfassen, werden die Daten zwischen den Informations- und Kommunikationssystemen der beteiligten Partner ausgetauscht. Entsprechende internationale Normen, Standards und Verfahren zum elektronischen Datenaustausch (X.400, EDIFACT etc.) ermöglichen die enge informations- und kommunikationstechnische Vernetzung der Prozesse der beteiligten Firmen und bringen ein erhebliches Rationalisierungspotential bei gleichzeitigem Abbau von organisatorischen Schnittstellenproblemen.

Ziel ist es, über eine informations- und kommunikationstechnische Verknüpfung der Leistungsprozesse, z.B. der unterschiedlichen Partner eine intensivere Zusammenarbeit zu erzielen, Austauschprozesse zu beschleunigen und zu rationalisieren, um damit eine höchst intensive zeitnahe Zusammenarbeit zu ermöglichen.

Die dritte Phase realisiert die virtuelle Einbindung der Kunden in den Leistungsprozeß mittels interaktiver Absatzsysteme. Ziel dieser Phase ist es, über multi-mediabasierte Systeme, einen intensiveren Kundenkontakt und mehr Kundenähe und somit neue Formen der Produkt-, Preis-, Kommunikations- und Distributionspolitik zu verwirklichen.

Die Transparenz von individuellen Bedürfnissen und Verhaltensmustern soll sichergestellt und auf diesem Wege eine optimale Leistungsanpassung an den Kunden erreicht werden. Die Instrumentalvariablen sollen nicht mehr mit der Gießkanne verteilt, sondern im Sinne eines möglichst rationalen Einsatzes optimal auf den individuellen Kunden abgestimmt werden. Wir haben es hier quasi mit einer individuellen Synthese aus verschiedenen Kommunikationselementen, wie persönlicher Verkauf und Werbung zu tun.

Die betriebswirtschaftliche Notwendigkeit einer zunehmend individualisierteren Kommunikation ist offensichtlich. Die Grenze der Belastung der Konsumenten und institutionellen Abnehmer mit Information ist längst weit überschritten. Die Informationsverarbeitungsfähigkeit ist zu einem signifikanten Engpaßfaktor – zum knappen Gut – geworden. Wir müssen heute mit einem Zuviel an Information leben, das nahezu alle Lebensbereiche betrifft, besonders aber die Leitmedien Rundfunk, Fernsehen, Zeitschrift und Zeitung tangiert. Dieser „Information Overload" für immer geringer werdende Grenzerträge aus Investitionen in Werbung und sonstiger Kommunikation verantwortlich (Backhaus 1992 b).

Aufgrund der hohen Zahl von erwünschten und unerwünschten Werbe- und Informationskontakten neigen immer mehr Konsumenten dazu, sich gegenüber Informationen zu immunisieren (passiver Schutz durch Nicht-Wahrnehmung). Oder man schaltet während der Werbeblöcke zu anderen Programmen („Zapping"), wirft Werbesendungen ungeöffnet in den Papierkorb und überblättert die Werbeseiten in den Zeitschriften (aktive Immunisierung).

Hinzu kommen die nahezu unendlichen Plazierungsmöglichkeiten in unserer Medienlandschaft mit ihrer ausufernden Titel- und Programmvielfalt. Hier stehen Mediaplaner, die begrenzte Budgets zu verwalten haben, oft vor unlösbaren Problemen. Die Frage, mit welchem Media-Mix eine bestimmte Zielgruppe optimal erreicht werden kann, ist heute in der Regel schon nicht mehr zu beantworten. Man muß eher befürchten, daß heute – je nach

Branche und Etatgröße – bereits bis über 90 Prozent der Werbe- und Kommunikationsinvestitionen getätigt werden, ohne daß sich ein entsprechender Return on Investment nachweisen läßt.

Angesichts der sich auseinanderentwickelnden Medienlandschaft und zunehmender Immunisierung der Konsumenten gegenüber Werbung und Information wird man nicht umhinkommen, die gesamte Marketing- und Kommunikationsstrategie neu zu überdenken. Man wird lernen müssen, die Kommunikationsmaßnahmen nicht mehr breit gestreut nach dem Gießkannenprinzip einzusetzen, sondern diese unter Rationalisierungsgesichtspunkten dort zu konzentrieren, wo sie den optimalen Erfolg versprechen. Unter anderem möglichst dort, wo sie unmittelbar zur Generierung eines spezifischen Kaufaktes beitragen.

Die Strukturen der Kommunikation werden revolutioniert. Haben wir Massengüter noch mit den Medien der Massenkommunikation vermarktet, so werden wir für immer individuellere Güter auch neue individuelle Wege der Kommunikation finden und finden müssen.

■ Zielgruppenkanäle/Video On Demand (VoD),

■ Bestellfernsehen,

■ Audiotext-Dienstleistungen (0190-Nummer, Telebanking),

■ multimediale interaktive Absatzsysteme (z. B. das Music-Master Konzept der Karstadt AG),

■ multimediale Telefonnummer (ein individuell konfiguriertes multimediales Angebot unterschiedlichster Dienstleistungen über private oder öffentliche Telekommunikationsnetze)

sind nur der Anfang einer Entwicklung, die in vielen Branchen die Markt- und Unternehmensstrukturen rapide verändern wird. Es ist die Verwirklichung der Vision, die etwa Lawrence Ellison, CEO des amerikanischen Datenbank-Herstellers Oracle, vor Augen hat, wenn er vom weltweiten elektronischen Basar spricht.

Ein universelles Netzwerk, bei dem die Hersteller weltweit ihre Produkte kommunikativ präsentieren und vermarkten werden und bei dem selbst die Kunden in der kleinsten Kleinstadt die Chance haben, sich weltweit auf multimedialer Basis Angebote im "individuellen" Dialog zusammenstellen und berechnen zu lassen.

Alle diese Konzepte zielen in ihrer Konsequenz auf eine direkte technologiebasierte, nicht standardisierte und interaktive Kommunikation mit dem Abnehmer, die bislang nur im Rahmen des unmittelbaren persönlichen Verkaufs- und Beratungsgesprächs erfolgen konnte. Mit Hilfe neuartiger interaktiver Medientechnologien wird die Kundenbeziehung in eine neue Dimension eintreten. Erstmals ist es möglich, unmittelbar mit einem breiten Abnehmerspektrum in eine quasi-persönliche Interaktion zu treten. Produkte oder Dienstleistungen können für das jeweilige Abnehmerindividuum bedürfnisgerecht vermarktet werden, ohne daß auf Restriktionen wie Verkaufsfläche und -zeit oder die jeweilige Qualifikation, Disposition und Verfügbarkeit des Verkaufspersonals Rücksicht genommen werden muß. Komplexe und schwer zu präsentierende Produkte – wie zum Beispiel Reisen, Versicherungen, Kücheneinrichtungen oder Autos – können im Rahmen eines technologiegestützten Dialogs mit dem Kunden individuell auf dessen Bedürfnisse und Möglichkeiten hin konfiguriert werden. Die Forderung nach einer flächendeckenden quasi-persönlichen Interaktion mit dem individuellen Kunden setzt grundsätzlich neue Management- bzw. Marketingkonzepte voraus.

Nach den Boomjahren des Wirtschaftswunders mit stetigen ungesättigten Massenmärkten (VW-Käfer) erkannte man schnell, daß die Absatzfunktion zunehmend an Bedeutung gewann. Eine vorsichtige Produktdifferenzierung setzte ein. Als Antwort auf diese zunehmende Produktdifferenzierung wurden produktselektive Marketingkonzepte ins Rennen gebracht, die Funktion des Produktmanagers etabliert.

Es wurde jedoch zunehmend deutlich, daß eine produktbezogene Konzeption bisweilen die Binnenperspektive (Produktblindheit)

Typische Marketing- bzw. Marktmanagement-Konzepte

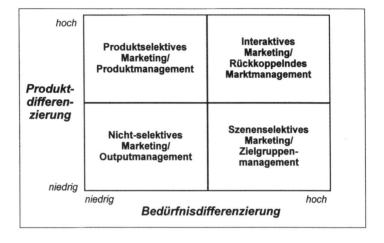

fördert und tendenziell zu einer oft übertriebenen Vertiefung der Produktlinie (Produktvariationen) führt. „Echte" differenzierende Innovationen, im Sinne neuer Produkte für neue Märkte, werden dagegen tendenziell behindert. Das Denken in Produkten und Produktfamilien wird der zunehmenden Bedürfnisdifferenzierung also nur teilweise, im vertikalen Sinne, gerecht.

In den letzten Jahren haben sich daher immer mehr abnehmerspezifische Absatzkonzepte durchgesetzt. Zunächst auf der institutionellen Absatzebene als Key-Account-Management und anschließend auf Konsumentenseite als szenenselektives Marketing- bzw. Zielgruppenmanagement. Doch auch das Zielgruppen- bzw. Zielkundenmanagement birgt die Gefahr einer innovationshemmenden Fixierung. Diese Fixierung ist dann besonders kritisch, wenn die jeweilige Szenen- bzw. Kundenkonfiguration allzu kurzen Lebenszyklen unterliegen, wenn sich alte Konfigurationen schnell auflösen und sich schnell und unerwartet wieder neue bilden.

Betrachtet man nun die Aspekte Produkt- und Bedürfnisdifferenzierung vor dem Hintergrund der auf beiden Seiten immer kürzer werdenden Lebenszyklen, wird deutlich, daß ein höchst komplexes und dynamisches auf und ab von Produkt- und Bedürfnisdifferenzierung entstehen muß. In letzter Konsequenz kann das aber nur bedeuten, daß der situative, zeitgerechte Dialog mit dem Kunden sichergestellt werden muß. Die Zukunft heißt deshalb Interaktives Marketing. Intensive mediatisierte Rückkopplung und Interaktion zwischen dem Unternehmen und seinen Kunden wird – je nach Branche unterschiedlich ausgeprägt – zur unternehmerischen Überlebensfrage.

Die virtuelle Marketingorganisation – Planvolles Outsourcing von Marketingprozessen

Das Dilemma, in das sich das Marketing hineinbewegt, ist offensichtlich. Auf der einen Seite differenzieren sich die Konsumbedürfnisse ins Unendliche, immer mehr neue Produkte und Produktvariationen werden nachgefragt. Auf der anderen Seite bietet die Informations- und Fertigungstechnologie in zunehmendem Maße die Chance, diese Konsumalternativen im hohem Maße zu bedienen und darüber hinaus mit neuen Produkt- und Anwendungsvarianten Nachfrage zu generieren.

Es fehlen jedoch immer noch die Plattformen zur adäquaten, effizienten und wirtschaftlichen Vermarktung dieser Variantenvielfalt. Restriktionen sind zum Beispiel in den bestehenden Handelskonzepten begründet. Der Handel ist nicht mehr in der Lage, die Vielfalt von Angebot und Nachfrage auch nur annähernd zu bewältigen. Produkte, die durchaus ihren (begrenzten) Markt finden, erweisen sich allein deshalb als Flop, weil der Handel angesichts der zunehmenden Produkt- und Variantenvielfalt strengste Leistungskriterien anlegen muß. Die Verkaufsflächen sind genau wie die aktive Verkaufszeit (Ladenschluß) begrenzt,

die Verfügbarkeit von qualifiziert verkaufendem Personal kann
aus Kostengesichtspunkten kaum noch gewährleistet werden, um
nur einige der Restriktionen zu nennen.

Der Kunde kann seine Konsumindividualität nicht ausleben,
sondern muß sich in seinem Konsumverhalten dem von Qua-
dratmeterumsatz definierten Beschänkungen beugen.

Es gibt bereits vielfältige Ansätze zum Abbau dieser Schwellen,
so z. B. flexible segment- und zielgruppenorientierte Absatzsysteme (nischenorientierte Franchise-Systeme, Mail-Order usw.).
Massive Veränderungen werden aber auch hier die neuen Technologien bringen. Der nächste Rationalisierungsschritt wird nicht
mehr nur Strukturen und standardisierbare organisatorische
Abläufe in Marketing und Vertrieb, sondern verstärkt auch die
Kommunikation mit dem Abnehmer betreffen. Nun ist der Bera-
tungs- und Verkaufsakt selbst betroffen, von dem man in der
Vergangenheit glaubte, daß er per se jeder Rationalisierungsbe-
mühung widerstehen würde.

Effizientes Marketing stellt die Frage nach der Konzeption der
Absatzwege neu. Waren z. B. in der EDV-Branche vor einigen
Jahren noch die großen monolythischen Absatzsysteme Erfolgs-
garanten, man denke nur an das ursprüngliche Direktvertriebs-
system von IBM, so werden in Zukunft kleinere flexiblere Einheiten mit begrenzten Aufgabenfeldern eine Rolle spielen. In einigen Branchen ist es heute bereits die Regel, daß bestimmte
Aufgaben, z. B. die Bearbeitung bestimmter Kundengruppen,
speziellen Nischen-Vertriebssystemen übertragen werden.
Punktuell agierende, leistungsfähige sowie kostengünstige, und
damit effiziente Absatzsysteme (z. B. auf Franchise-Basis) entstehen in kürzester Zeit; sie können aber genauso schnell wieder
vom Markt verschwinden, wenn sich die Nachfragestruktur ändert.

Genau wie Produkte und Märkte unterliegen Absatzkanäle einem
Lebenszyklus. In einer immer dynamischeren Umwelt verkürzen
sich auch die Lebenszyklen der Absatzwege. Immer kürzere Lebenszyklen setzen voraus, daß sich das Verhalten zwischen An-

bietern und Absatzpartnern ändert. Waren früher langfristige, oft exklusive Handelsbeziehungen (z. B. zu Importeuren und Großhändlern) synonym für Solidität, Sicherheit und Bestand des Unternehmens, ist heute eher das Gegenteil der Fall. Befristet angelegte, netzwerkartige Geschäftsbeziehungen – Ehen auf Zeit – zwischen unterschiedlichsten Partnern sichern die notwendige Flexibilität zur Bearbeitung der sich im Fluß befindenden Märkte. Joint Ventures, Allianzen und Kooperationen werden über einen begrenzten Zeitraum im Hinblick auf ein bestimmtes Ziel geschlossen. Sie werden beendet, wenn die Ziele erreicht oder aus den Augen verloren worden sind.

Effizientes Marketing bedient sich hier gegebenenfalls eines oder mehrerer Marketing-Cluster. Die Idee der Marketing-Cluster, einer virtuellen, netzwerkartigen und unternehmensübergreifenden Form der Marketingorganisation, entstammt der Erkenntnis, daß unter bestimmten Rahmenbedingungen bestimmte Ziele und Funktionen von unterschiedlichen Organisationen mit unterschiedlicher Qualität erfüllt werden. Aus diesem Grund werden die Marketingprozesse unter Effizienzgesichtspunkten auf mehrere Köpfe verteilt.

Voraussetzungen für den Erfolg solcher Konstrukte sind die Fokussierung der Partner auf das gemeinsame Ziel, die Konfiguration der Partner, die Ausgewogenheit zwischen den Partnern und das Funktionieren der Informations- und Kommunikationsprozesse. Ein praktikables Hilfsmittel bei der Entwicklung effizienter Marketing-Cluster ist das Kernaktivitäten Portfolio.

Diese Methode basiert auf der Überlegung, daß ein Unternehmen alle die Funktionen selbst wahrnehmen soll, die Bestand, Grundinteressen und Kernkompetenzen des Unternehmens betreffen, andererseits aber die Leistungs- bzw. Wertschöpfungsprozesse von den Aufgaben bereinigen soll, die außerhalb des Unternehmens qualitativ besser, kostengünstiger und effizienter erfüllt werden.

Im Rahmen des Kernaktivitäten Portfolios werden die einzelnen Funktionen, Prozesse und Instrumente des Marketing-Zyklus

Kernaktivitäten-Portfolio

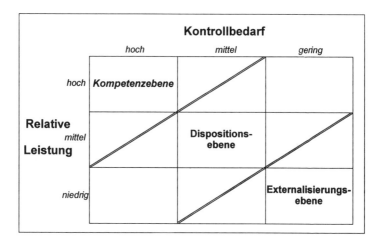

anhand unterschiedlichster Kriterien im Hinblick auf den relativen Kontrollbedarf und auf die relative Leistung des Unternehmen bewertet.

Auf der Kompetenzebene sind die Funktionen als Kern-Kompetenz auszubauen und im eigenen Unternehmen zu sichern. Hierbei handelt es sich um Kompetenzen, die mit hoher relativer Leistung erbracht werden, als unabdingbar für den Wertschöpfungsprozeß zu betrachten sind und ein hohes unmittelbares Kontrollniveau benötigen – die strategisch wirklich relevanten Prozesse.

Die Funktionen der Externaliserungsebene spielen für den Wertschöpfungsprozeß eine relativ geringe Rolle und haben einen geringen Kontrollbedarf. Sie sollten aus Effizienzgründen möglichst an geeignete Partner vergeben werden.

Die Dispositionsebene eröffnet unterschiedliche Handlungsalternativen. Einerseits kann angestrebt werden, entsprechende Kontrollsysteme aufzubauen bzw. zu aktivieren, um die einzelnen

Steuerungsmechanismen

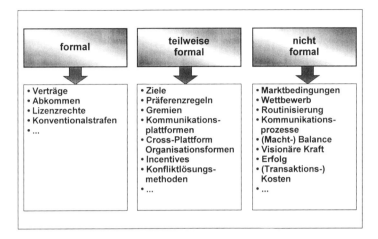

formal	teilweise formal	nicht formal

• Verträge
• Abkommen
• Lizenzrechte
• Konventionalstrafen
• ...
	• Ziele
	• Präferenzregeln
	• Gremien
	• Kommunikations-
	  plattformen
	• Cross-Plattform
	  Organisationsformen
	• Incentives
	• Konfliktlösungs-
	  methoden
	• ...
		• Marktbedingungen
		• Wettbewerb
		• Routinisierung
		• Kommunikations-
		  prozesse
		• (Macht-) Balance
		• Visionäre Kraft
		• Erfolg
		• (Transaktions-)
		  Kosten
		• ...

Funktionen schrittweise, das heißt bei Verfügbarkeit geeigneter Kontrollmechanismen, zu externalisieren. Alternativ ist die relative Leistung zu erhöhen und die Funktion als Kernkompetenz auszubauen. Die Steuerung des Clusters erfolgt auf drei überlappenden Ebenen,

■ der formalen Ebene,

■ einer teilweisen formalen Ebene

■ sowie durch informale (Meta-) Strukturen.

Alle diese Ebenen müssen intensiv gepflegt werden; eine hohe Kommunikationsintensität ist Voraussetzung für den Erfolg. Besonders bei grenzübergreifenden Marketingclustern geht es darum, auf allen Ebenen einen möglichst intensiven technologiegestützten Dialog zu führen. Mit zunehmender Leistungsfähigkeit von Informations- und Kommunikationstechnologien, geeigneten multimedialen Mensch-Maschine-Schnittstellen und adäquaten integralen Informations- und Kommunikationsmanagementkon-

zepten, die auch die „eigensinnige" Interaktion der Beteiligten
fördern, ist es trotz vordergründiger struktureller Nachteile
(räumliche Entfernung, fehlende „Befehlsgewalt", nur sporadi-
scher persönlicher Kontakt usw.) möglich, virtuelle Organisationen erfolgreich zu führen.

Ausblick

Die Umsetzung eines effizienzorientierten Marketing-Konzeptes
im Rahmen einer geschlossenen und konsistenten Unterneh-
menskonzeption kann erhebliche Rationalisierungseffekte – im
Sinne einer Verbesserung der Relation aus Kosten und Leistung
– bewirken. Doch Marketing-Effizienz hat auch seine Grenzen.

In letzter Konsequenz muß effizientes Marketing im Rahmen einer
virtuellen Organisation jedoch bis zu einem gewissen Grad Utopie
bleiben. So kann maximale Effizienz – wenn überhaupt –, nur über
einen langfristigen Kulturprozeß erreicht werden. Allzu rigide
Umbrüche bewirken bei den Betroffenen in der Regel eher eine
effizienzsenkende Desorientierung, Entmotivierung bishin zur
Leistungsverweigerung. Organisationsbedingte Friktionen können nur zu leicht alle Chancen auf effizientes Marketing und sogar
den eigentlichen Zweck des Marketing infragestellen: zufriedene
und abnahmebereite Kunden.

Effizientes Marketing wird sich als konzeptionsbasiertes Inein-
ander unterschiedlicher Strategien und Maßnahmen darstellen.
Es wird sich in einem magischen Quadrat aus Konzeption, der
Qualifikation der Mitarbeiter, einer flexiblen, wenn nicht gar
fließenden Organisation und den Chancen neuer Technologien
entwickeln. Nur technologiegestützte Informations- und Kom-
munikationsstrukturen sowie das ständige Infragestellen der
Rahmenbedingungen werden das Marketing in die Lage verset-
zen, mit einer situativ angepaßten Kombination dieser Muster und
Elemente am Markt zu reagieren.

Literatur:

Backhaus, H. (1992 a):
Multi-Media im Marketing: Askot – Autonomes System der Kommunikation für Touristik-Angebote; Wuppertal 1992

Backhaus, H. (1992 b):
Interaktive Absatzsysteme – Multi-Media im Marketing; Vortrag: IBM Symposium; Hannover November 1992

Backhaus, H. (1993):
Interaktive Multi-Media Systeme als Marketinginstrument; Vortrag: 5. Unisys Führungskräfte-Treffen, Saint-Paul-de-Vence/Nizza 1992

Becker, J. (1983):
Grundlagen der Marketing-Konzeption: Marketingziele, Marketingstrategien, Marketingmix; München 1983

Becker, L. (1992):
Neue Chancen im Euro-Marketing; in: GABLERS MAGAZIN Nr. 4/1992

Becker, L. (1993 a):
Quo vadis Marketing?; in: GABLERS MAGAZIN Nr. 1/1993

Becker, L. (1993 b):
Früherkennungs- und Reagibilitätsmanagement: Silberstreifen am Horizont; in: GABLERS MAGAZIN Nr. 8/1993

Becker, L. (1994):
Integrales Informationsmanagement als Funktion einer marktorientierten Unternehmensführung; Bergisch-Gladbach 1994

Becker, L. (1994):
Integrales Informationsmanagement, in: GABLERS MAGAZIN Nr. 3/1994

Caminiti, S. (1992):
Finding New Ways To Sell More; in: Fortune No. 15, 1992

Deutsch, Ch. (1992):
Lotsen im Nebel; in: Wirtschaftswoche Nr. 15/15.4.1992

Doebli, H. P. (1992):
Konsum 2000; in: Die Orientierung Nr. 101, 1992

Ehrhardt, J. (1993):
Re-Engineering: Unternehmenssysteme und -strategien; in: Datacom Nr. 8/1993

Ehrhardt, J./Becker, L. (1994):
Transeuropäische Netze sollen Wirtschaft fördern; in: Datacom 3/94

Fourny, M. (1993):
Get With It – Companies will live or die by information technology; in: International Management; April 1993

Gerken, G. (1992):
Das, was die Japaner erfolgreich macht, können wir nicht nachmachen. Deshalb „Soft"-Management statt „Lean"-Management; in: Marketing Journal 5/1992

Kroeber-Riel, W.: (1988):
Kommunikation im Zeitalter der Informationsüberlastung; in: Marketing ZFP Heft 3 – August 1988

Laker, M. (1992):
Integriertes Management – homogen denken und handeln; in: HARVARDmanager Nr. 3/1992

Rock, R./Rosenthal, R. (1986):
Marketing=Philosophie; Frankfurt a. M./Bern/New York 1986

Ulrich. P. (1987):
Transformation der ökonomischen Vernunft: Fortschrittsperspektiven der modernen Industriegesellschaft; 2. Aufl.: Bern/Stuttgart 1987

Ulrich, P./Fluri, E. (1984):
Management; 3. Aufl.: Bern/Stuttgart 1984

Kundenorientierte Markenstrategien – Marketing-Effizienz durch professionelle Markenführung

Ralf von Chamier

Diplom-Ökonom Ralf von Chamier ist Marketingleiter bei der ICI Lacke Farben GmbH, Hilden. Nach Abitur und berufspraktischer Ausbildung zum Industriekaufmann absolvierte er ein wirtschaftswissenschaftliches Studium an den Universitäten Köln und Wuppertal, Schwerpunkt Marketing. Anschließend war er bei ICI als Marketing-Controller sowie in führenden Linienfunktionen in Vertrieb und Marketing tätig. Heute ist Ralf von Chamier als Marketingleiter für die Vermarktung von Bautenfarben und -lacken an professionelle Verwender verantwortlich.

■ *Effizientes Marketing ist eine Denkhaltung, die der Markt- und Kundenorientierung höchste Priortät zuweist.*

■ *Der entscheidende Effekt ist nicht die Rationalisierung im Innenverhätnis, sondern die Steigerung der Unternehmensleistung nach außen.*

■ *Kontinuität in der Markenführung und intensive Kooperation der Marktpartner sind die beste Voraussetzung für effizientes Marketing.*

Rechtzeitig handeln!

Bei allen negativen Nachrichten gibt es auch zahllose Beispiele von kreativen Unternehmen, die rechtzeitig die Zeichen der Zeit erkannt haben und sich erfolgreich, weil glaubhaft dem Markt stellen. Diese Unternehmen zeichnen sich vor allem dadurch aus, daß sie zur rechten Zeit handeln. Was sie gemeinsam haben, ist erfolgreiche Produkt- und Kundenorientierung als oberste Priorität. Dabei machen sie sich das gute Image, die Stärke der Marke und den hohen Markenwert zunutze. Zu breit angelegte theoretische Ausarbeitungen und nicht mehr zeitgemäße Strategien, Strukturen und Instrumente werden durch präzise Analysen und gezielt vorgenommene Marketingaktivitäten ersetzt.

Denn gerade die Beantwortung der Fragen

■ „Wie sind Marken zu führen, damit sie trotz widriger Rahmenbedingungen Erfolg haben?" und

■ „Wie führt man eine Marke möglichst effizient?"

ist in Zeiten strukturell schrumpfender Märkte, rezessiver Marktstrukturen und begrenzter (finanzieller) Ressourcen zum Schlüsselfaktor geworden.

Die Marketingliteratur gibt für diese Situation oft nur stereotype und falsche Hinweise. Reduzierung der Marketingmittel, Konzentration der Marktleistungen auf das wesentliche mit Sortimentsbeschränkungen, Fokussierung auf interne Leistungsreserven und Kostenmanagement oder auch die Argumentation der Portfoliotheorie für „Cash Cows" und vor allem „Dogs" sind lediglich reaktive Strategien und forcieren den Untergang für stagnierende und schrumpfende Markenartikel.

Effizienzsteigernde Maßnahmen wie

■ Konzentration auf die Leistungen, bei denen man einen deutlichen Wettbewerbsvorsprung hat,

- laufende Reinigung der Organisation und der Leistungsprozesse,

- Rationalisierung der Produktpalette zur Vermeidung kostentreibender Komplexität,

- Konzentration der Marketingaktivitäten auf die erfolgreichsten Produkte und Leistungen,

- Orientierung der internen Leistungen und Prozesse auf die Anforderungen und Bedürfnisse der Kunden,

- Erschließung der günstigsten Bezugsquellen im Weltmarkt,

- Optimierung der Standorte nach Gesichtspunkten der Faktorkosten und Logistikvorteile und

- Internationalisierung der Geschäftsaktivitäten, um die Abhängigkeit vom Heimatmarkt zu reduzieren

müssen auch in wirtschaftlich guten Zeiten erkannt werden. Wer in den guten Zeiten selbstkritisch an sich arbeitet, ist besser gewappnet für mögliche schlechtere Zeiten. Derjenige, der schon vor der Krise und erst recht in der Krise die richtigen Maßnahmen ergreift, stellt die Weichen der Zukunft.

Wirksamkeit nach außen steigern

Es liegt auf der Hand, daß der Wettbewerb in Zeiten wirtschaftlicher Stagnation intensiver wird. Wettbewerb als solcher schadet Marken nicht, aber einige der moralischen Schwächen der Manager, die unter den Bedingungen eines harten Wettbewerbs auftauchen, schaden mit Sicherheit. In konjunkturell schwierigen Wirtschaftsphasen liegt es nahe, zuallererst an das Sparen zu denken. Dabei sollte man jedoch beachten, daß richtiges Sparen, d.h. wirkungsvolles und dauerhaftes „Kostenabbauen" seine Regeln hat, daß z.B. die Aktion vor der Abstinenz steht. Nicht selten verbirgt sich allerdings hinter diesen Aktivitäten, die unter den Begriffen „Reengineering" und „Lean Organization" diskutiert werden, bei näherem Hinsehen lediglich ein personeller Kahlschlag quer durch alle Hierachieebenen. Zwischen Theorie und praktischer Umsetzung gerade auch fernöstlicher Optimierungsansätze klafft eine große Lücke. Pauschale Kostensenkungsmaßnahmen schwächen nicht selten die organisatorische Leistungsfähigkeit und schaden damit mehr als sie nutzen. Die große Gefahr besteht nämlich darin, daß die gesamte Aufmerksamkeit und Energie der Unternehmen nach innen, weg von den Märkten, weg von den Kunden, weg von allen Dingen der Außenleistung des Unternehmens, weg von der Marke gelenkt werden.

Dabei hat nun die „Lean-Phobie" nach Einkauf, Produktion, Logistik und Administration nun auch den Marketingbereich erfaßt. Die Verkürzung der Berichtswege und die damit einhergehenden ungefilterten Informationen von der Basis haben dem Top-Management neue Impulse gegeben. In diesen Bereichen erprobte Mechaniken zur Produktivitätssteigerung finden nun auch im Marketing Anwendung:

■ Konzentration auf Kernkompetenzen und

■ Outsourcing von kostenintensiven Leistungsbereichen.

Systemimmanenter Bestandteil des Marketing ist eine kaum zu erfassende Komplexität. Marketing als Steuerstelle zwischen Unternehmen und Umwelt, zwischen allen Leistungträgern des Unternehmens muß eine schwierige Moderationsaufgabe leisten und Allokationsentscheidungen treffen, die weit über den vernünftig vorhersehbaren Horizont hinausgehen. Zudem stellen allein die mannigfaltigen Differenzierungs- und Modifikationsmöglichkeiten des Marketing-Mix eine der grundlegendensten Koordinationsaufgaben des Unternehmens dar. Herkömmliche Marketingstrategien, -organisationen und -instrumente verhindern dabei die Flexibilität und Anpassungsfähigkeit, die benötigt werden, um dem Wechselspiel des Marktes erfolgreich entgegenzutreten.

Effizienzsteigerung heißt mit Sicherheit nicht nur Kosten zu senken. Der entscheidende Effekt ist nicht die Rationalisierung im Innenverhältnis, sondern die Steigerung der Unternehmensleistung nach außen. Zwar sind die vielen Ansätze zur internen Effizienzsteigerung zweifelsohne notwendig – es darf aber nicht vergessen werden, daß die interne Effizienz eines Unternehmens für die Kunden nur in dem Maße von Interesse ist, in dem das bereitgestellte Produkt an Qualität, Preiswürdigkeit oder Bedarfsgerechtigkeit gewinnt.

Externe Effizienzsteigerung heißt dabei die Findung des optimalen Einsatzes aller verfügbaren Marketinginstrumente bei flexibler Anpassung an die sich ändernden Rahmenbedingungen. Von diesen Leistungsprozessen ist der Kundennutzen-Optimierungsprozeß derjenige, der den Erfolg der Unternehmen am stärksten beeinflußt.

Mit welchen Strategien stellen sich die Markenmacher darauf ein? Ein möglicher Weg, um dieser Herausforderung gerecht zu werden, führt über ein radikales Umdenken. Mit Hilfe des proaktiven Change Management einerseits und einer Renaissance der marketinginhärenten Zukunfts- und Renditeorientierung andererseits sind klar definierte kundenorientierte Ziele und Strategien zu entwickeln.

Bedrohungen der Marken

Bei hohem Wettbewerbsdruck innerhalb der Branche wird von den Markenunternehmen meistens neben dem Qualitätswettbewerb besonders der Imagewettbewerb angefacht. Eine solche Strategie verlangt nach einem erhöhten Aufwand zur Vermarktung, welcher vom Verbraucher nicht honoriert wird. Die Kostenexplosion der Markenpflege mindert die Rendite der Unternehmen und kann nur über einen erhöhten Absatz aufgefangen werden. Diese, auch zur Auslastung von Überkapazitäten notwendigen Volumenssteigerungen lassen sich oftmals nur zu einem geringeren Stückpreis realisieren. Durch solche allzu verkürzt gedachten Fehlsteuerungen manövrieren sich diese Unternehmen selbst in einen Teufelskreis. Der Wettbewerbsdruck vergrößert sich drastisch, Umsatz und Marktanteile brechen dramatisch ab. Halbherzige Versuche sich verstärkt auf Marktnischen und -segmente zurückzuziehen werden vom Wettbewerb leicht attackiert. Dem gegenüber steht ein immer stärker werdender Handel, der in seiner Gatekeeper-Funktion nur den stärksten Marken Zugang zum Verbraucher gewährt. Die Phantasie der Einkäufer in Bezug auf neue Konditionen und Rabatte ist vielfältig und wird in knochenharten Jahresgesprächen ausgelebt.

Der regional orientierte Markenartikler trifft auf einen europaweit organisierten Handelspartner, der die Ware dort bestellt, wo aufgrund regionaler Nachfragestrukturen der niedrigste Preis realisiert werden kann. Es gibt enorme Preisunterschiede zwischen den Ländern. Identische Produkte können in einem Land vier- oder fünfmal teurer sein als in einem anderen. Selbst für alltägliche Produkte liegen die Unterschiede bei 30 bis 50 Prozent. Dabei wirken Marktmechanismus und Wettbewerb oft schneller und stärker als angenommen.

Europaweit wird sich im „worst case" der Preis für den betroffen Markenartikel auf dem niedrigsten Niveau einpendeln. Die negative Auswirkung auf die Renditesituation kann in Länder mit hoher Preis- und Kostenstruktur existenzbedrohend sein. Selbst global agierenden Markenartiklern wird das Marketinginstrument Preis zur differenzierten Bearbeitung unterschiedlicher regionaler Märkte durch den Handel entzogen. Eine Gegenwehr ist mit konventionellen Instrumenten kaum möglich.

Ein weitere Bedrohung der Markenartikel sind professionell geführte, starke Handelsmarken die verstärkt im mittelpreisigen Segment und im Verbund mit internationalen Partnern propagiert werden. Aufgrund der Bündelung der Handelsmarken-Konzepte durch die europaweit tätigen Handelsgiganten kommt es zu Skaleneffekten, die dieses Segment der Handelsmarken pushen, zu Lasten der Industriemarken.

Wie weit diese Entwicklung fortgeschritten ist, zeigt sich beispielhaft besonders stark am Bild der Farben- und Lack-Branche.

Der Marktanteil handelseigener Marken im Distributionskanal Bau- und Heimwerkermärkte beträgt zwischen 30 und 50 Prozent:

Als vor etwa 50 Jahren in der Lebensmittel-Branche zum ersten Mal handelseigene Marken aufkamen, waren sie dadurch gekennzeichnet, daß sie über den Preis verkauft wurden. Sie waren von minderer Qualität und weniger attraktiv verpackt als die führenden Markenprodukte. Dieses Bild hat sich im Laufe der Jahre deutlich geändert. In enger Zusammenarbeit mit ihren Lieferanten entwickelt heute der Handel Produkte, die zielgerecht positioniert und in attraktiven Verpackungen angeboten werden. Wachsende Professionalität im Marketing und eine verstärkte Zusammenarbeit mit renommierten Agenturen führt dazu, daß die Handelsunternehmen tatsächlich in der Lage sein können, dem Markenartikel starken Schaden zuzufügen.

In vielen internationalen Markenartikelkonzernen haben darüber hinaus „Markenkiller" mit Verwaltermentalität die Marketinginstrumentarien zum reinen Selbstzweck verkommen lassen. Persönliche Interessen und Profilierungssucht führen immer wieder

Marktanteile der Handelsmarken

	Marktanteil Handelsmarken		Marktanteil Markenführer	
	1991	1993	1991	1993
Lacke	49 %	49 %	10 %	12 %
Lasuren	27 %	29 %	28 %	22 %
Dispersionen	38 %	39 %	27 %	34 %

Quelle: GfK Handelspanel 1991-1993

zu Diskontinuität in der Markenführung. Der kurzfristige Erfolg wird zum Maßstab aller Dinge. Die Marke wird mit Jahrmarktsmethoden heruntergewirtschaftet. Hard-Selling wird forciert, der Auftritt wird aggressiver und stellenweise blamabel. Eine übertriebene Aktionitis – häufig zu Tiefstpreisen – führt zu einer übermäßigen Preisspreizung für das selbe Produkt. Die Marke wird beim Verbraucher unglaubwürdig. Wettbewerbsvorteile gehen verloren und führen zu einer geschwächten Marktposition.

Markenfallen und Markenerfolgsfaktoren

Markenfallen	Marken-Erfolgsfaktoren
■ Preisbewußtsein des Verbrauchers ersetzt Markentreue ■ Kostenanstieg der effektiven Marketingkosten für Markenprodukte ■ Reduzierung des Werbevolumens zugunsten von niedrigen Preisen, Nachlässen und Preispromotions ■ Orientierung am Handel ■ Konzentration im Handel ■ Entwicklung und Marktdurchdringung von Handelsmarken ■ Marketingträgheit durch Markenverwalter ■ Auswechselbarkeit der Produkte ■ Irritation des Konsumenten durch Um-/Neupositionierungen	■ Preis vor Menge ■ Eindeutige Marktsegmentierung ■ Hohe Unverwechselbarkeit durch eindeutige Positionierung ■ Orientierung am Kunden ■ Hoher Stellenwert der Kommunikations- und Informationspolitik ■ Partnerschaftliche Kooperation mit Handel

Die Marke ist eine Persönlichkeit, und was sie nicht vertragen kann, ist die Effekthascherei von Persönlichkeiten, die sie führen.

Die genannten Bedrohungen sind selten auf nur eine Ursache zurückzuführen. Vielmehr betrachtet man ein komplexes und chaotisches Zusammenspiel vieler an sich unproblematischer Faktoren. Ziel kann deshalb nur ein gemeinsames Bekämpfen aller Symptome sein.

Konsistente und kontinuierliche Markenpolitik

In den vergangenen Jahren hat sich deutlich herauskristallisiert, daß das Geheimnis des Erfolgs nicht in einer Kopie von erfolgreichen Wettbewerbsprodukten und -konzepten zu finden ist. Einzig die intensive und systematische Auseinandersetzung mit den Endverbraucherbedürfnissen unter Einbeziehung kompe-

10 Stufen eines strategisch ausgerichteten Marketing-Konzeptes

A. Analysephase	B. Strategiekonzipierung
1. Formulierung des Unternehmensleitbildes, d.h. Festlegung der grundlegenden Ziele, Werte und Aufgaben 2. Umwelt- und Marktanalyse mit dem Ziel grundlegende Informationen über Trends, Entwicklungen, Marktveränderungen, Verhaltensveränderungen von Zielgruppen etc. zu bekommen 3. Wettbewerbsanalyse und 4. Unternehmensanalyse im Sinne einer SWOT-Untersuchung	5. Positionierung des Unternehmens bzw. der Produkte/Marke 6. Festlegung der Marketing-Strategie i.e. Sinne (Portfolio-Planung) 7. Festlegung der Maßnahmen und operativen Ziele 8. Operative Planung 9. Überprüfung der eigenen Organisation 10. Controlling

tenter Partner eröffnet Differenzierungspotentiale. Die Anforderungen an die geistige Flexibilität und Kreativität eines Marketiers steigen kontinuierlich. Dabei spielt die Marke, als das höchste Gut eines Unternehmens, eine übergeordnete Rolle. Ziel der Markenführung ist es, ein Produkt möglichst unverwechselbar zu machen, es unmittelbar beim Verbraucher zu verankern und gegenüber anderen Produkten zu differenzieren. Auf diese Weise kann der relative Marketingaufwand mittelfristig reduziert und die Marketingeffizienz gesteigert werden.

Unerläßlich für eine erfolgreiche Markenführung ist die Kontinuität, denn Markenprofile entstehen langsam und brauchen Zeit, um sich zu festigen. Jede grundlegende Änderung im Markenauftritt birgt die Gefahr, den Verbraucher durch Unklarheiten im Erscheinungsbild und veränderte Inhalten zu verwirren. Ein in der Regel nur kurzfristiger Erfolg, der langfristig jedoch oft verheerende Schäden auslösen kann, ist zu erreichen durch

■ alle Maßnahmen, die Wertvorstellungen bezüglich der Marke zerstören können (z.B. Sonderangebotsaktionen, Gewinnspiele etc.) und

■ jede Form von Werbung, die durch ständigen Wandel im Erscheinungsbild Unsicherheit beim Endverbraucher auslösen kann.

Die Basis für eine kontinuierliche Marketingführung stellt in vielen erfolgreichen Unternehmen eine konzentrierte Produktpolitik, unterstützt von einem schlagkräftigen Marketing-Konzept, dar. Eine klare Ausrichtung verhindert eine Verzettelung und bedeutet eine langfristige Konzentration des Unternehmens auf eigene Stärken und Chancen im Rahmen eines visionären Konzeptes.

In der Praxis wird jedoch dieser Gedanken einer langfristigen Ausrichtung häufig verstoßen. Schuld hieran sind nicht selten Wechsel bei der Marketingführung oder Agenturen, die jeweils meinen, der Marke ihren eigenen Stempel aufdrücken zu müssen. Es gibt zahllose Beispiele, daß Unternehmen (wie z. B. ESSO) viel Geld aufwenden, um ihre alten Markenpersönlichkeiten wieder beim Verbraucher zu positionieren. Folgende Schritte sollten bei der strategischen Gestaltung des Marketing-Konzeptes gegangen werden:

Wesentliche Grundlage aller Bemühungen für einen erfolgreichen Markenartikel aus dem Marketing-Konzept sind

■ die Positionierung des Produktes,

■ seine Zuordnung zu einer Zielgruppe,

■ seine Ansiedlung im Konkurrenzumfeld,

■ die Festlegung seiner wichtigsten Leistungsmerkmale und

■ die Vorgabe der kommunikativen Leitlinien.

Veränderungen in der Markenbasis haben daher Evolutionscharakter. Eine wichtige Basis stellt deshalb in der Praxis das „Brand Manual" dar. Effiziente Markenführung braucht Maßstäbe und Grenzen. Deshalb ist das „Brand Manual" als Rahmen und Meßlatte für das notwendige hohe Maß an Kreativität bei der Markenführung und für regional notwendige Anpassungen zu verstehen.

Das „Brand Manual" bildet eine international nutzbare Basis für regionale Differenzierungsstrategien getreu dem Grundsatz „think global – act local", und führt somit über eine internationale Markenstrategie zu einer effizienten Markenführung.

Interaktives Marketing

Die bisherigen Innovationsentwicklungen waren im Kern monoorganisational bzw. funktional ausgerichtet und zwangen mehr zur Beschäftigung mit dem eigenen Unternehmen als mit dem Kunden. Die sich daraus ergebenden

- Schnittstellenprobleme zwischen den einzelnen Bereichen,

- zu langsamen Reaktionszeiten,

- mechanischen Vorgehensweisen und ein daraus resultierendes

- unbefriedigendes Kosten-/Leistungsverhältnis

verhindern letztlich die notwendige Flexibilität. Das Unternehmen kann nicht mehr auf die gestiegenen Umweltanforderungen reagieren. Der Weg zu einem effizienten, interaktiven Marketing kann aber nur durch die Aufgabe alter Machtpositionen und eine Öffnung der Unternehmen für Kooperationen mit den Handelspartnern erschlossen werden. Dies führt zu einem multiorganisationalen Innovationsprozeß. Diese frühe Einbeziehung der Handelspartner in die Entwicklung neuer Produktstrategien fördert einen Know-How-Transfer, welcher die Qualität und Erfolgschancen der Konzeptionen nachhaltig verbessert.

Rückkoppelndes Marktmanagement

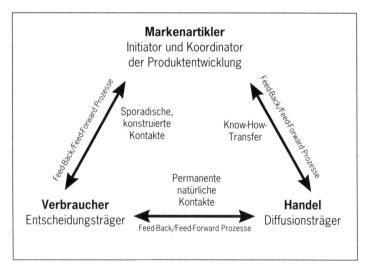

Der Markenartikler übernimmt als Change-Agent – als Moderator der Innovation – die Führungsrolle bei der Konzeptionierung neuer Produktstrategien. Er moderiert die kombinative Nutzung des Marketing-Potentials der involvierten Organisationen. Der Handel besitzt grundsätzlich eine detaillierte Kenntnis der Verbraucherbedürfnisse, da er in einem permanenten natürlichen Kontakt zu den Verbrauchern steht. Der Markenartikler hingegen kann zum Verbraucher lediglich im Rahmen von Marktforschungsprojekten sporadische, konstruierte Kontakte aufnehmen. Die Aussagekraft der so gewonnen Erkenntnisse wird zudem durch die unrealistische Laborsituation verfälscht.

Diese Ausrichtung auf den Handel als aktuellen oder potentiellen Kunden darf nicht im Sinne der Befriedigung scheinbarer oder wirklicher Kundenwünsche verstanden werden. Das Zusammenspiel zwischen Hersteller und Handel dient insbesondere dem systematischen Zusammentragen aller für die Markenführung notwendiger Informationen (qualitative Absatzforschung). Der Handel ist keinesfalls als Gegner anzusehen, den es über den Tisch zu ziehen gilt, sondern als Partner, der häufig sehr wertvolle Verbesserungsvorschläge für eine effiziente Marken- und Produktstrategie beisteuern kann.

Man braucht nicht darüber zu diskutieren, daß die Ziele von Handel und Hersteller nicht immer in allen Punkten übereinstimmen. Professionelle Lieferanten bemühen sich zwar nachhaltig darum, den Anforderungen ihrer Abnehmer, ganz im Sinne der Marketingphilosophie, nachzukommen. Aber dies gelingt nicht vollständig. Nicht zuletzt, weil dazu die Ziele innerhalb der Handelsstufe zwischen verschiedenen Betriebstypen auch zu verschiedenartig sind. Die wichtigsten Ansprüche des Handels gegenüber Herstellern sind:

- hohe und gleichbleibende Produktqualität für Kundenzufriedenheit,

- einfache Produktnutzung mit weniger Beratungsaufwand,

- preiswertes, konkurrenzfähiges Angebot der Produkte,

- geringstmögliche Umweltbelastung,

- handlingfreundliche, wiederverwertbare, leichte (nicht mehr als 5% des Produktgewichts) und stabile (zur Transportschadensvermeidung) Verpackung,

- recyclebare bzw. wiederverwertbare Verpackung,

- raumsparende, kompakte Produktphysis,

- produktgerechte, verkaufsträgergerechte Präsentation,

- rationelles, ergonomiegerechtets Handling,

- durch Medienwerbung vorverkaufte Artikel,

- kundengerechte Positionierung,

- gestaffelte Bestellmengen und kurzfristige Disposition,

- Unterstützung bei der Geschäftsstättenprofilierung,

- keine exzessiv hohe, aber ständige Innovationsrate,

- Abverkaufsunterstützung am Handelsplatz und

- kurzfristige Lieferbereitschaft der Industrie.

Diese Kooperation mit dem Handel ist eine Herausforderung an die Professionalität des Markenartiklers. Der involvierte Handelspartner wird in einer relativ frühen Phase des Entwicklungsprozesses Pseudo-Innovationen und Produkte mit geringer Akzeptanz durch den Verbraucher blockieren. Im Rahmen dieses multiorganisationalen Innovationsprozesses entstehen daher Markenartikel, die ein deutlich höheres Erfolgspotential aufweisen. Viele interene Unzulänglichkeiten, die den Erfolg verhindern, werden dadurch ausgegrenzt. Nicht zuletzt trägt eine Kooperation dazu bei, Friktionen, Abstimmungsprobleme und Konflikte zu vermeiden, die die Marketingeffizienz nachhaltig beeinträchtigen können. Ziel einer solcher Kooperation sollte eine Partnerschaft im Sinne einer „Win-Win-Konstellation" sein. Bei einer derart gemanagten Markenführung ergeben sich für beide Partner folgende Vorteile:

Vorteile einer partnerschaftlichen Kooperation

Markenartikler	■ Schnellere Marktdurchdringung ■ Beschleunigung der Diffusion ■ Keine Focusierung des Handels auf den Preis ■ Hohes Erfolgspotential ■ Hoher Reifegrad schon zu Beginn des Produkt-Lebens-Zyklus ■ Erreichen eines „Preferred Supplier Status"
Handel	■ Erhöhte Sortimentskompetenz durch Markenartikel mit hohem Innovationsgrad ■ Differenzierung im Wettbewerbsumfeld ■ Begrenzung des Risikos von Fehlleistungen ■ Einfluß auf das Herstellerangebot

Allerdings sollte im Vorfeld einer solchen Zusammenarbeit der Umfang der Kooperation genau definiert und abgegrenzt werden, um Konflikte und Spannungen durch Vertrauensbrüche und zu intensive Einflußnahme auf die Aktivitäten des Kooperationspartners zu verhindern. Jede Seite sollte sich vergegenwärtigen, daß nicht der Kampf um die „Marketingführerschaft" im Vordergrund steht. Es kommt darauf an, daß jeder sich auf seine Rolle und seine Stärke besinnt und sich zugleich der Leistung und Stärke des anderen bewußt ist.

Markentechnik als Philosophie

Die Einsicht in die Notwendigkeit, schlanker, flexibler und kundenorientierter zu werden, ist nahezu überall zu verspüren.

Dennoch versuchen die meisten Unternehmen bislang viel zu zaghaft und mit falschen Rezepten, aus der Krise herauszukommen. Viele der ergriffenen Maßnahmen lindern zwar kurzfristig die Not – die erforderlichen Quantensprünge in der Leistungssteigerung unterbleiben jedoch. Im Markt des ständigen Überangebotes, des immerwährenden Wandels und totalen Wettbewerbs haben nur die Unternehmen echte Chancen, die sich durch vollständige Identifizierung mit den Kunden in jeder nachfolgenden Ebene der Absatzschiene auszeichnen. Von der Industrie über Handel und Handwerk zum Verbraucher ist eine durchgängige kundenorientierte Markenkonzeption und -politik – zum Nutzen aller Beteiligten – notwendig. In diesem Sinne ist effizientes Marketing als eine spezielle Denkhaltung, die eine umfassende Markt- und Kundenorientierung der Unternehmen als oberste Priorität beinhaltet, anzusehen. Die Marke, geprägt durch das Produkt, muß zum Treibsatz aller Verkaufsbemühungen jeder Ebene werden.

Literatur:

Backhaus, K. / Hensmann, J. / Meffert, H. (1991):
Thesen zum Marketing im Europäischen Binnenmarkt – ein Ausblick; in: Markenartikel, Nr. 10/91
Belz, C. (1990):
Suchfelder für Marketing-Erfolge: Bestandsaufnahme und Praxisbeispiele; in: Jahrbuch der Absatz- und Verbrauchsforschung, Nr. 2/90
Brabeck, P. (1992):
Nutzung von Marktpotentialen; in: Management-Zeitschrift, Nr. 2/92
Devin, B. (1993):
Markenausweitung und Werbeeffizienz; in: Markenartikel, Nr. 5/93

D.V. (1991):
Erfolgsfaktor Marke: Studie über Meister und Mitläufer im Markengeschäft; in: Industriemagazin, Nr. 6/91

D.V. (1992):
Euro-Trademarketing: Wie sich Markenartikler mit der Nachfragemacht des Handels arrangieren; in: Top-Business, Nr. 12/92

D.V. (1992):
Mehr Attraktivität für zukunftssichere Marken; in: Absatzwirtschaft, Nr. 7/92

Guido, G. (1991):
Implementing a pan European marketing strategy; in Long Range Planning, Nr. 5/91

Höfner, K. / Tescher, P.M. (1988):
Brauchen Sie eine europa-weite Zielgruppenpolitik; in: Marketing Journal, Nr. 5/88

Little, A.D. (1994):
Produkte erfolgreich managen; in: Gabler's Magazin, Nr. 3/94

Roediger, R. (1993):
Markenführung: Europäisches Pflaster; in: Absatzwirtschaft, Nr. 2/93

Rüschen, G. (1986):
Die Marke – unser wertvollstes Gut; in: Markenartikel, Nr. 6/86

Simon, H.J. (1991):
Wenn die Marke unter die Räuber fällt; in: Marketing Journal, Nr. 3/91

Smith, D.C. / Park, C.W. (1992):
The Effects of Brand Extensions on Market Share and Advertising Efficiency; in: Journal of Marketing Research, Vol. XXIX/92

Sullivan, M.W. (1992):
Brand extensions: When to use them; in: Management Science, Nr. 6/92

Zinser; G. (1990):
Euromarketing in einem multinationalen Unternehmen; in: Markenartikel, Nr. 5/90

Prozeßoptimierung im High-Tech-Marketing

Rainer Bieker

Dr. Rainer Bieker ist Inhaber der Dr. Bieker Marketing- & Innovations-Consulting in Köln. Er studierte Betriebswirtschaft an der Universität Köln und promovierte über das Thema „Marketing-Strategien für High-Tech-Unternehmen". Seit 10 Jahren ist er im Consulting-Bereich aktiv. Unter anderem arbeitete er bei einer der führenden deutschen Venture Capital-Gesellschaften. Er berät vor allem technologieorientierte Unternehmen im Bereich der Marketing-Prozeß-Optimierung, Marketing-Strategie, Unternehmens-Expansion und des F&E-Managements

■ *In High-Tech-Märkten laufen ständig Evolutionsprozesse ab. Nur wer diese durchschaut und mit effizienten Handlungsstrategien hierauf reagiert, hat eine Chance, sich dauerhaft im Wettbewerb zu behaupten.*

■ *High-Tech-Märkte sind von einer hohen Dynamik geprägt und verlangen nach speziellen strategischen Konzepten.*

■ *Das Management muß sich stärker darum bemühen, Prozesse, die mit der Suche, der Produktion und Vermarktung neuer Produkte verbunden sind, effizienter zu gestalten.*

Ausgangssituation

High-Tech-Unternehmen sehen sich heute mit einer Situation konfrontiert, die sie zu neuen Handlungskonzepten zwingt. Während die Produktlebenszykluszeiten ständig kürzer werden, nehmen die für Forschung und Entwicklung benötigten Zeiträume zu. Gleichzeitig steigen die Kosten im F&E-Bereich. Die Preise in vielen High-Tech-Märkten befinden sich aber in einer Talfahrt oder der Kunde verlangt für den gleichen Preis immer hochwertigere Produkte. Außerdem ist die Sättigungsgrenze bei vielen Technologie-Produkten bereits erreicht. Trotzdem drängen ständig neue Anbieter in die scheinbar noch so attraktiven Märkte. Hierdurch tobt in vielen High-Tech-Märkten bereits ein ruinöser Wettbewerb, den nur die Besten überleben werden.

Um sich im internationalen Konkurrenzkampf behaupten zu können und auf Dauer Erfolg zu haben, muß ein High-Tech-Unternehmen den sich ständig wiederkehrenden Prozeß von der Produktfindung über die Entwicklung bis zur Vermarktung beherrschen. In diesem Beitrag soll deshalb darauf eingegangen werden, wie dieser Marketing-Prozeß in High-Tech-Unternehmen effizienter gestaltet werden kann.

Der Marketing-Prozeß in High-Tech-Unternehmen

In High-Tech-Unternehmen laufen ständig evolutionäre Vorgänge ab. Um hier wettbewerbsfähig zu bleiben, müssen permanent neue Produkte entwickelt werden, während veraltete wieder aus dem Markt genommen werden müssen. Nach Ansicht des Autors sind speziell in High-Tech-Märkten die Firmen besonders erfolgreich, die diese evolutionären Prozesse am besten beherrschen. Es lassen sich hierbei folgende Hauptphasen unterscheiden:

■ Festlegung der generellen F & E-Felder,

■ Auswahl und Spezifizierung der zu entwickelnden Produkte,

■ Flexible Gestaltung der Produktion,

■ Erschließung der Märkte und

■ Ersatz des veralteten Produktes durch ein neues.

Festlegung der generellen F&E-Felder

Die richtige Auswahl der zukünftigen F&E-Bereiche ist von zentraler Bedeutung für den Unternehmenserfolg. Hier werden die Weichen für das Produktsortiment der nächsten 10 Jahre und darüber hinaus gestellt. Deshalb sind Fehlentscheidungen in diesem Bereich kaum zu korrigieren. In vielen Firmen werden die Markterfordernisse jedoch nicht ausreichend genug berücksichtigt. Das Denken in technischen Dimensionen ist immer noch tief in den Köpfen der verantwortlichen F&E-Manager verwurzelt.

Maßnahmen zur Effizienzsteigerung müssen deshalb vor allem darauf abzielen, Forschung und Entwicklung marktnäher auszurichten. Hierzu eignet sich in besonderer Weise das Technologie-Portfolio (siehe Abbildung auf Seite 56). Durch dieses Analyseinstrument wird es möglich, zukünftige technologische Betätigungsfelder im Hinblick auf ihre Attraktivität für das Unternehmen zu bewerten und neue Ertragspotentiale zu identifizieren. Es dient quasi dazu, die Gebiete für zukünftige Evolutionsprozesse abzustecken. Die Erarbeitung eines Technologieportfolios kann in folgenden Schritten durchgeführt werden:

1. Identifikation der relevanten Technologien
Zunächst müssen alle für die einzelnen Geschäftsfelder relevanten Technologien identifiziert werden. Hierbei ist insbesondere die Forschungsabteilung gefragt, um zu ermitteln, welche neuen Technologien für das Unternehmen zukünftig wichtig werden könnten.

Technologie-Portfolio

```
Technologie A
                                    F
          O              E    O
hoch          B          O
              O
Bedeutung der
Technologie
                              D
niedrig   C                   O
          O


        niedrig          hoch
        Wettbewerbsstärke
```

2. Festlegung der Bedeutung einzelner Technologien
Die zukünftige Bedeutung der einzelnen Technologien hängt vor
allem davon ab, in welcher Lebenszyklusphase sie sich befinden.
Junge Technologien, wie die digitale Sprachverarbeitung haben
in der Regel eine hohe Bedeutung und alte, wie die analoge
Übertragungstechnik eine geringe. Die Vielzahl der Anwendungsmöglichkeiten und das damit verbundene Marktpotential
sind weitere wichtige Beurteilungskriterien.

3. Ermittlung der Wettbewerbsstärke
bei den einzelnen Technologien
In diesem Schritt muß beurteilt werden, wie gut das Unternehmen
die einzelnen Technologien im Vergleich zu Wettbewerbern beherrscht. Bei dieser Bewertung sollte auch berücksichtigt werden,

ob das Unternehmen z.B. Patente für bestimmte Technologien besitzt. Auch das F&E-Budget spielt eine wichtige Rolle.

Die Ergebnisse der Technologie-Portfolio-Untersuchung sollten in eine Graphik übertragen werden, um deren Interpretation zu erleichtern. Das Technologie-Portfolio gibt Hinweise darauf, auf welche technologischen Bereiche sich das Unternehmen in Zukunft konzentrieren sollte. Normalerweise werden es Technologien sein, deren zukünftige Bedeutung hoch eingeschätzt wird und bei denen das Unternehmen im Vergleich zur Konkurrenz über ein hohes Know-how verfügt. Die Verantwortlichen können aber auch zu der Einsicht gelangen, daß die Unternehmung in bestimmten Technologiebereichen verstärkt Kompetenz aufbauen sollte, um in Zukunftsmärkten konkurrenzfähig zu bleiben.

Das Technologie-Portfolio bezieht sich nicht auf Produkte sondern auf Technologien. Bei dieser Methode wird also genau entgegengesetzt zum traditionellen Verfahren vorgegangen, bei dem beschlossen wird, bestimmte Produkte zu entwickeln und dann die passenden Technolgien hierfür ausgesucht werden. Beim Technologieportfolio werden systematisch attraktive Technologiefelder gesucht und beschlossen, zukünftig verstärkt Produkte zu entwickeln, die diese Technologie „beinhalten". Es wird in technologischen Dimensionen statt in Produktdimensionen gedacht. Hierdurch erweitert sich der Planungshorizont für ein Unternehmen, denn Technologien veralten in den meisten Fällen nicht so schnell wie Produkte. Ein weiterer Vorteil bei der Technologie-Portfolio-Analyse besteht darin, daß nicht versucht wird, Produkte zu entwickeln, die zwar interessant sind, bei denen das Unternehmen aber nicht über das notwendige technologische Know-how verfügt, um sie herzustellen.

Auswahl und Spezifizierung der zu entwickelnden Produkte

Nachdem die zukünftigen F&E-Felder des Unternehmens festgelegt worden sind, muß entschieden werden, welche konkreten Produkte entwickelt werden sollen. Viele High-Tech-Unternehmen stehen hierbei vor dem Problem, daß eine von ihnen entwickelte technologische Innovation in die verschiedensten Produkte umgesetzt und in noch mehr unterschiedlichen Märkten absetzbar wäre. Hier gilt es, die interessantesten Anwendungsmöglichkeiten herauszufinden. Um auch hierbei zu effizienten Lösungen zu kommen und um den Entscheidungsprozeß transparent zu machen, sollte ein systematisches Auswahlverfahren angewendet werden. Hierbei ist folgendes mehrstufige Vorgehen denkbar:

1. Identifizierung der Anwendungsbereiche einer technologischen Innovation
In diesem Schritt wird zunächst versucht, alle denkbaren Einsatzgebiete für eine technologische Innovation zu ergründen. Durch intensive Gespräche mit Kunden, Außendienstmitarbeitern, Forschern und Experten ergeben sich oft wertvolle Hinweise. Es ist hierbei aber auch ein gehöriger Schuß Kreativität und der Mut zum Denken in neuen Dimensionen gefragt. Gerade bei der Umsetzung neuer Technologien in konkrete Produkte hat die deutsche Industrie sicherlich Defizite aufzuweisen. Forschung ist hier noch vielfach untrennbar mit Naturwissenschaft und Technik verbunden. Der Forscherdrang, der für das Aufspüren neuer Anwendungsfelder für innovative Technologien notwendig ist, wird aber oft nicht entsprechend gewürdigt.

2. Bewertung der Anwendungsbereiche
Die Rentabilität von High-Tech-Unternehmen läßt sich erheblich steigern, wenn die Auswahl der Anwendungsgebiete unter strenger Berücksichtigung der Marktgegebenheiten nach einem systematischen Verfahren erfolgt. Viele Firmen scheitern, weil sie sich zu sehr auf das Gespür einiger Personen verlassen oder sie sich auf Segmente konzentrieren, die zwar stark wachsen, in denen der Wettbewerb aber sehr hart ist.

Um das Entscheidungsverfahren bei der Suche zukünftiger Anwendungsfelder zu optimieren und transparent zu gestalten, gilt es als erstes, die Marktpotentiale für die verschiedenen Felder abzuschätzen und möglichst zu quantifizieren. In einem weiteren Schritt müssen die Wettbewerber für die jeweiligen Segmente identifiziert und deren Stärken und Schwächen analysiert werden.

Anschließend muß versucht werden, den zukünftigen Marktanteil und das hieraus abgeleitete Umsatzpotential des eigenen Unternehmens abzuschätzen. Dieses Umsatzpotential sollte aber mit einem Risikofaktor gewichtet werden, der sich hauptsächlich nach dem Wettbewerbsdruck und der Gefahr von Nachfrageeinbrüchen richtet.

Bei den lukrativsten Anwendungsbereichen ist dann zu prüfen, ob das Unternehmen auch über das Know-how zur Entwicklung der Produkte bis zur Marktreife und zur Produktion verfügt. Besonders kritisch sollten auch noch einmal die Vermarktungsmöglichkeiten des Unternehmens überprüft werden. Bestehen z.b. schon Verbindungen zu bestimmten Kunden; wie schnell läßt sich das Vertriebsnetz aufbauen oder erweitern; steht ein Servicenetz zur Verfügung etc.? Selbstverständlich kann bei der Beurteilung der einzelnen Geschäfsfelder nicht auf die üblichen Wirtschaftlichkeitsanalysen verzichtet werden. Letztendlich sollte sich für diejenigen entschieden werden, die langfristig den höchsten Profit erwarten lassen.

3. Genaue Spezifikation der Produkte
Nachdem festgelegt wurde, auf welche Geschäftsfelder sich bei der Umsetzung technologischer Innovationen konzentriert werden soll, muß ermittelt werden, wie die Produkte konkret aussehen sollen. Besonders bei High-Tech-Produkten werden von den Entwicklern häufig viel zu wenig die Markterfordernisse berücksichtigt sondern das technisch machbare realisiert. Effizientes Marketing heißt aber, daß zunächst die Kundenbedürfnisse genau analysiert und hieraus die Produktspezifikationen abgeleitet werden. Die dann zu entwickelnden Produkte sollten auch wertanalytisch untersucht werden. Bei komplizierten Projekten muß ferner entschieden werden, ob den Kunden eine sehr lange Entwicklungszeit zugemutet werden kann, oder ob besser ein Produkt schnell auf den Markt gebracht wird, das noch nicht über alle wünschenswerten Features verfügt und später von einer 2. Produktgeneration abgelöst wird.

Viele Unternehmen, die Kundenorientierung nicht nur als Lippenbekenntnis ansehen, sind dazu übergegangen, Produkte in direkter Kooperation mit ihren Kunden zu entwickeln. Dies ist besonders im High-Tech-Bereich wichtig, wo die Anwendungsmöglichkeiten einer Innovation zunächst noch kaum abgeschätzt werden können. Hierdurch kann erreicht werden, daß die Produktplanung von Anfang an marktnah betrieben wird und es nicht zu Fehlentwicklungen kommt, die keine Abnehmer findet.

4. Schnelle Produktentwicklung

Hat das Unternehmen eine klare Vorstellung davon, wie das neue Produkt beschaffen sein soll, gilt es, die Planungen so schnell wie möglich zu realisieren. Durch eine Verkürzung der Entwicklungszeit bis zur Serienreife kann sich das Unternehmen erhebliche Wettbewerbsvorteile sichern. Insbesondere bei technologischen Innovationen kann sich der Erste, der ein neues Produkt auf den Markt bringt, einen Erfahrungsvorsprung aufbauen und sich einen Namen als Technologieführer schaffen. Vor allem hat er die Möglichkeit, sich einen hohen Marktanteil zu sichern und den gesamten Produktlebenszyklus eines Produktes auszunutzen. Dies ist die beste Voraussetzung für eine schnelle Amortisation der investierten Mittel.

Damit eine zügige Produktentwicklung bis zur wirklichen Marktreife sichergestellt ist, sollte ein effizientes Entwicklungs-Management installiert werden. Um Zeit zu sparen, muß vor allem erkannt werden, welche Entwicklungsarbeiten parallel erfolgen können. Außerdem muß dafür gesorgt werden, daß die Abstimmung zwischen den einzelnen Entwicklungsabteilungen gewährleistet ist. Durch regelmäßige kurze Treffen der Verantwortlichen, bei denen sich aber jeder verpflichten muß, Probleme und Verzögerungen in seinem Bereich offen auf den Tisch zu bringen, läßt sich hierbei auf informellem Weg vieles erreichen.

Flexible Gestaltung der Produktion

Die Fertigungseinrichtungen von Unternehmen mit hohen Innovationsraten müssen von Anfang an entsprechend variabel konzipiert werden. Auch durch konsequentes Outsourcing lassen sich Flexibilitätssteigerungen erzielen. Unternehmen mit einer hohen

Innovationsrate stellen aber vor allem hohe Anforderungen an die Anpassungsfähigkeit und die Universalität ihrer Mitarbeiter. Sie müssen bereit sein, sich in kurzer Zeit mit neuen Technologien, Produkten und Produktionsverfahren vertraut zu machen. Wichtig ist vor allem, daß sie entsprechend motiviert sind und in neuen Aufgaben eine Herausforderung und keine Belastung sehen. Hier ist das Motivationstalent der Manager gefordert.

Erschließung der Märkte

Der zeitliche Vorsprung von Unternehmen, die eine technologische Innovation entwickelt haben, ist meistens relativ kurz. Aus diesem Grund ist es ratsam, den anvisierten Markt so schnell wie möglich zu erschließen. In der geringen zur Verfügung stehenden Zeit muß es gelingen, einen möglichst hohen Marktanteil zu erreichen um sich so eine gute Ausgangsposition gegenüber Konkurrenten zu sichern. Vielfach setzt der Erste im Markt auch die Standards für zukünftige Applikationen. In der ersten Phase der Markterschließung, in der es noch keine direkten Konkurrenten gibt, lassen sich oft hohe Deckungsbeiträge realisieren. Treten dann Wettbewerber in den Markt ein, brechen die Preise meist extrem ein. In vielen Fällen hat der Zweite in einem High-Tech-Markt noch nicht einmal seine Entwicklungskosten wieder herausbekommen. Es stellt sich nun die Frage, wie auch dieser Teilprozeß bei der Generierung, Produktion und Vermarktung neuer Produkte optimiert werden kann.

Wichtig ist vor allem, daß potentielle Abnehmer der technologischen Innovation so früh wie möglich identifiziert werden. Es ist empfehlenswert, diese in folgende 3 Gruppen aufzuteilen: *Innovatoren*, *Mehrheit* und *Nachzügler*. In der ersten Vermarktungsphase sollte sich auf Innovatoren konzentriert und der Markt nicht mit der Streuflinte bearbeitet werden. Innovatoren sind sehr innovationsfreundlich und lassen sich hauptsächlich dadurch erkennen, daß sie sich auch in der Vergangenheit Neuerungen gegenüber als besonders aufgeschlossen erwiesen haben. Ihr Produktprogramm ist in der Regel ebenfalls innovativ und sie nehmen häufig an Messen teil. Bei Innovatoren ist die Kommunikationspolitik, einschließlich Public Relations erfahrungsgemäß meist sehr effizient gestaltet. Besonderes Gewicht bei der Markterschließung sollte auf innovative Großunternehmen oder Firmen mit hohem Bekanntheitsgrad in einer Branche gelegt werden, da diese als Referenzkunden bei der Akquirierung breiterer Abnehmerkreise dienen können.

Die schnelle Erschließung eines Marktes setzt natürlich ein funktionierendes und möglichst engmaschiges Vertriebsnetz voraus. Hierauf sollte von Anfang an bei der Produktfindung geachtet werden. Verfügt das Unternehmen noch über kein adäquates Vertriebsnetz und ist die Zahl der potentiellen Kunden aber überschaubar, ist es in den meisten Fällen möglich, in kurzer Zeit einen eigenen Distributionsapparat aufzubauen. Sollen jedoch Massenmärkte erschlossen werden und besteht für das entsprechende Produkt noch kein Vertriebssystem, ist es ratsam, auf bereits existierende Vertriebsnetze von möglichen Kooperationspartnern zurückzugreifen. Denn der Aufbau einer eigenen Verkaufsmannschaft würde viel Zeit und Geld kosten und das Ziel einer schnellen Markterschließung sowie der Sicherung eines hohen Marktanteils wäre kaum zu realisieren.

Bei der Erschließung neuer Märkte besteht die Gefahr, daß der Vertrieb schneller voranschreitet als der Aufbau des Servicenetzes. Dies sollte jedoch vermieden werden, da hierdurch Kunden verärgert und das Image des Unternehmens dauerhaften Schaden nehmen kann. Der angebliche Markterfolg kann sich dann schnell als Strohfeuer erweisen. Es sollte deshalb dafür gesorgt werden, daß die beiden Prozesse der Vermarktung und des Aufbaus des Servicenetzes weitestgehend parallelisiert werden. Hierzu ist es erforderlich, daß mit der möglicherweise notwendigen Rekrutierung von Spezialisten oder der Ausbildung des bisherigen Servicepersonals rechtzeitig begonnen wird. Außerdem muß das notwendige technische Equipment bereits vor Beginn der Vermarktungsphase für Schulungs- und Testzwecke zur Verfügung stehen.

Nachdem die Markteinführungsphase erfolgreich abgeschlossen wurde, gilt es, den Markt möglichst vollständig zu penetrieren.

Die Anforderungen des „breiten" Marktes an ein Produkt unterscheiden sich aber häufig von denen der Erstanwender. Vielfach reicht es aus, die Verkaufsargumente an die Bedürfnisse breiterer Verwenderkreise anzupassen. Oft muß aber auch die Vertriebs-, Service- oder Preispolitik modifiziert werden.

Mit statischen Konzepten wird man also bei der Erschließung von Märkten kaum Erfolg haben. Vielmehr muß auch die eigentliche Vermarktungsphase als Prozeß verstanden werden, in dessen Verlauf sich bestimmte Parameter ändern und deshalb gewisse Anpassungsvorgänge stattfinden müssen.

Ersatz des veralteten Produktes durch eine neues

High-Tech-Güter durchlaufen ihren Produktlebenszyklus meist sehr schnell, das heißt, sie sind nach relativ kurzer Zeit veraltet. Damit der Evolutionsprozeß in einem Unternehmen effizienter gestaltet werden kann, ist es wichtig zu analysieren, in welcher Produktlebenszyklusphase sich ein Produkt befindet. Hinweise auf die einzelnen Phasen können vor allem durch die Beobachtung der Preis-, Umsatz- und Gewinnentwicklung gewonnen werden. Es sollte selbstverständlich sein, daß mit der Entwicklung eines neuen Produktes bereits begonnen wird, bevor sein Vorgänger veraltet ist. Wichtig ist, daß der Produktenwicklungsprozeß rechtzeitig in Gang gesetzt wird. Dabei kann ein sorgfältig durchgeführtes F&E-Management dazu beitragen, die Produktentwicklungszeit hinreichend genau abzuschätzen. Die noch verbleibende Lebenszykluszeit eines Produktes sollte auf jeden Fall größer sein als die Produktentwicklungszeit. Anderenfalls kann es vorkommen, daß die Unternehmung zeitweise mit keinem wettbewerbsfähigen Produkt in einem bestimmten Marktsegment vertreten ist und es zu erheblichen Umsatzeinbrüchen kommt.

In Märkten, die einem sehr starken Wettbewerbsdruck ausgesetzt sind, kann es sinnvoll sein, die eigenen Produkte durch eine neue Generation abzulösen, obwohl diese noch nicht veraltet sind. Hierdurch soll möglichen Konkurrenten zuvorgekommen werden. Hierbei kann von einem evolutionären Zerstörungsprozeß ge-

sprochen werden. Insbesondere viele asiatische Firmen haben
ihren europäischen und amerikanischen Konkurrenten mit einer
derartigen Politik erhebliche Marktanteile abgejagt. Um die Kosten in diesem evolutionären Zerstörungsprozeß möglichst gering
zu halten, sollte geprüft werden, ob ein modulares Produktkonzept
realisierbar ist. Hierbei braucht nicht das komplette Produkt neu
entwickelt zu werden, sondern nur bestimmte Komponenten.
Auch die Entwicklungszeiten lassen sich hierdurch erheblich
verkürzen.

Praktische Empfehlungen bei der Optimierung von Marketing-Prozessen

Sorgfältige Überprüfung des bisherigen Prozeßablaufs

Analysieren Sie den Evolutionsprozeß in Ihrem Unternehmen
zunächst kritisch. Hierbei wird man vielfach feststellen, daß die
einzelnen Teilprozesse weder klar definiert noch eindeutig voneinander abgegrenzt sind. Am Anfang der Arbeit wird deshalb
zunächst eine saubere Definition der einzelnen Subprozesse stehen. Anschließend müssen diese in eine Struktur gebracht werden. Es muß also die Reihenfolge der einzelnen Teilprozesse
festgelegt werden. Hierbei sollte auch eine völlige Neustruktu-
rierung in Betracht gezogen werden. Wichtig ist, daß intensiv
darüber nachgedacht wird, welche Teilprozesse parallel durchgeführt werden können. Die Ergebnisse dieser Untersuchungen
sollten nach Möglichkeit in einem Netzplan fixiert werden.

Schnittstellenanalyse

Als nächstes sollten die Schnittstellen zwischen den einzelnen
Teilprozessen einer näheren Betrachtung unterzogen werden.
Denn in der Verbesserung der Schnittstellen liegen in vielen Fir-
men noch erhebliche Optimierungspotentiale.

Vor allem ist wichtig, daß der Informationsfluß zwischen den einzelnen mit der Durchführung der Teilprozesse beauftragten Abteilungen reibungslos funktioniert. Wegen der enormen Brisanz für den Evolutionsprozeß ist es empfehlenswert, gewisse Richtlinien für den Informationsaustausch festzulegen. Hierdurch soll z.b. vermieden werden, daß einzelne Abteilungen unzureichend oder zu spät über bestimmte Entwicklungen informiert werden und deshalb nicht rechtzeitig reagieren können. Von entscheidender Bedeutung für eine reibungslose Kommunikations ist es, daß allen Mitarbeitern des Unternehmens klar wird, wie wichtig es ist, mit seinen Kollegen zu sprechen und sie offen über wichtige Entwicklungen zu unterrichten. Kommunikationsbarrieren sind insbesondere für High-Tech-Unternehmen, die schnell und quasi auf Zuruf reagieren müssen, Gift. Fördern Sie deshalb auch die Kommunikation zwischen verschiedenen Hierarchiestufen. Jedem, der Informationen bewußt zurückhält, sollte unmißverständlich klargemacht werden, daß ein solches Verhalten nicht erwünscht ist und letztendlich auch seinen eigenen Interessen zuwiderläuft.

Optimierung der Teilprozesse

Anschließend kann über eine Optimierung der Teilprozesse nachgedacht werden. Traditionell stehen hierbei Überlegungen zur Kostenminimierung im Vordergrund. Bei derartigen Analysen fällt auf, daß die Kostensenkungspotentiale in den einzelnen Funktionsbereichen sehr unterschiedlich ausgeschöpft sind. In Produktion und Logistik wurden Rationalisierungsprogramme vielfach schon sehr erfolgreich durchgeführt. Im Vertrieb sind hingegen meist noch erhebliche Reserven vorhanden. Die größten Kostensenkungsmöglichkeiten liegen aber in der Forschung und Entwicklung. Dies rührt wahrscheinlich daher, daß die F&E-Prozesse in vielen Firmen relativ undurchschaubar und die Konsequenzen von Kostensenkungsmaßnahmen schlecht abschätzbar sind. Vielfach haben Rationalisierungsbemühungen nur dazu geführt, die Spülfrau einzusparen oder vakante Stellen für eine bestimmte Zeit nicht zu besetzen. Von einer wirklichen Systematik ist jedoch häufig wenig zu spüren.

Um die Kosteneffizienz des F&E-Ressorts systematisch zu erhöhen, empfiehlt sich die *Einrichtung eines F&E-Managements.* Aufgabe des F&E-Managements ist es, den gesamten F&E-Prozeß effizienter zu gestalten. Dies beginnt bei der Auswahl und Definition von F&E-Projekten. In der deutschen Industrie werden enorme Summen verschwendet, weil sich mit Projekten beschäftigt wird, die sich bei genauer Analyse von Anfang an als wenig erfolgversprechend herausgestellt hätten. In Großkonzernen kommt es bisweilen sogar vor, daß das gleiche Produkt von unterschiedlichen Abteilungen gleich zweimal entwickelt wird. Kann durch ein sorgfältig durchgeführtes F&E-Management die Quote von F&E-Projekten, die letztendlich zu einem von Markt akzeptierten Produkt führen, gesteigert werden, lassen sich enorme Rationalisierungsreserven erschließen. Das F&E-Management setzt aber auch bei der Durchführung des F&E-Prozesses an und sorgt mit einer Vielzahl von Maßnahmen dafür, daß dieser effizienter gestaltet wird.

Verkürzung der Prozeßdauer

Effizienter heißt nicht nur kostengünstiger, sondern insbesondere in High-Tech-Märkten auch schneller. Denn hier muß sehr rasch auf Marktänderungen reagiert werden. In vielen Fällen ist es sogar sinnvoll, sich für eine Verkürzung der Prozeßzeiten zu entscheiden, obwohl dies Kostensteigerungen zur Folge hat. Es sollte aber nicht nur untersucht werden, wie einzelne Prozesse beschleunigt werden können, sondern auch, ob durch eine Neugestaltung von Prozessen Zeit eingespart werden kann. So kann z.B. durch Qualitätsverbesserungen in der Fertigung und eine ständige Überwachung des gesamten Produktionsablaufs eventuell die anschließende Qualitätsprüfung überflüssig werden. Ein anderes Beispiel dafür, daß durch den Einsatz moderner Konstruktions- und Fertigungstechnologien bestimmte Prozesse stark verkürzt oder sogar komplett gestrichen werden können, ist das Rapid Prototyping bei dem die Konstruktionsdaten direkt dazu verwendet werden, um ein Produktmodell vollautomatisch zu erstellen.

Sensibilisierung und Motivation der Mitarbeiter

Eine Optimierung des Evolutionsprozesses in High-Tech-Unternehmen kann nur dann funktionieren, wenn sich alle Mitarbeiter hiermit voll identifizieren. Überzeugen Sie deshalb alle Beteiligten von der Notwendigkeit geplanter Effizienzsteigerungsmaßnahmen und geben Sie Ihnen ein Mitspracherecht. Wegen der hohen Bedeutung dieses Programms sollte es durch eine interne PR-Kampagne unterstützt werden. Fördern Sie das Denken in Prozessen und machen Sie allen Mitarbeitern klar, daß es auf jeden einzelnen bei der Realisierung von Verbesserungen ankommt. Wichtig ist auch, daß die Unternehmensleitung, ihren Mitarbeitern ein Feedback gibt und sie über Erfolge unterrichtet.

Es muß auch allen bewußt werden, daß nicht die Optimierung einer Abteilung im Vordergrund der Bemühungen steht, sondern die des Gesamtunternehmens. Es darf also bei allen Überlegungen zur Einzelprozeßoptimierung niemals das Ganze außer acht gelassen werden. Um ein Denken in Abteilungskategorien zu vermeiden und das gegenseitige Verständnis zu fördern, sollte der Informationsaustausch zwischen den einzelnen Bereichen systematisch gefördert werden. Job-Rotation-Programme und bereichsübergreifende Arbeitsgruppen leisten hierzu sicherlich einen guten Beitrag.

Resümee

High-Tech-Märkte sind von einer hohen Dynamik geprägt und verlangen deshalb nach speziellen strategischen Konzepten. Mit dem hier vorgestellten Ansatz zur Optimierung des Evolutionsprozesses in Unternehmen wird auf diese Forderung reagiert. Mir erscheint es wichtig, daß sich das Management zukünftig verstärkt darum bemüht, die Prozesse, die mit der Suche, Produktion und Vermarktung neuer Produkte verbunden sind, effizienter zu gestalten. Durch das hierdurch bedingte reibungslose Funktionieren des Unternehmens kann die Innovationsrate sowie die Neuprodukt-Erfolgsquote und somit die Wettbewerbsfähigkeit des Unternehmens nachhaltig verbessert werden. Gleichzeitig gewinnt insbesondere die Geschäftsleitung viel Zeit, die sie sonst mit der Lösung von Tagesproblemen vergeuden müßte.

Literatur:

Bieker, R.:
Entwicklung von Wettbewerbsvorteilen für Technologie-Unternehmen, Frankfurt 1990
Bieker, R.:
Marketing-Praxis für High-Tech-Unternehmen (in Vorbereitung)
Gruenwald, G.:
New Product Development, 2. Ed. Lincolnwood 1992
Hall, J. A.:
Bringing New Products to Market, New York 1991
Hammer, M./Champy, J.:
Reengineering the Corporation: A Manifesto For Business Revolution, New York 1993
Howard, W.G./ Guile, B.R.:
Profiting from Innovation, New York 1992
Kuczmarski, T. D.:
Managing New Products; The Power of Innovation, 2. Ed. Englewood Cliffs, 1992
Morone, J. G.: Winning in High-Tech-Markets, Boston 1993
Roberts, E. B.:
Entrepreneurs in High Technology, New York 1991
Souder, W. E.:
Managing New Product Innovations, Lexington 1987
Thomas, R. J.:
New Product Development, New York 1993
West, A.:
Innovation Strategy, New York 1992
Zangwill, W. I.:
Lightning Strategies for Innovation, New York 1993

Outsourcing von Marketing-Prozessen

Klaus-Jürgen Preuß

Dr. Klaus-Jürgen Preuß, verantwortlich für das deutsche Pharma-Geschäft der Rhone-Poulenc-Rorer in Köln, studierte Pharmazie und Medizin. Er beschäftigte sich mit Fragen der Indologie und Philosophie. Über Stationen im In- und Aus-land bei den Unternehmen Ciba-Geigy, Nattermann, Bayer und Rhone-Poulenc-Rorer lernte er Bereiche wie die klinische Forschung, Zulassung, Projektmanagement, Marketing und Vertrieb kennen. Seine Schwerpunkte: Strategisches Management, Anwendung und Konsequenzen von innovativen Informations- und Kommunikationstechnologien und interkulturelles Management.

■ *Outsourcing hat in der aktuellen Krise Konjunktur. Neben anderen Buzz-Words wie Lean Management, Downsizing, Delayering oder Costcutting gehört es in das Spektrum der neuen Heilslehren und Patentrezepte.*

■ *Outsourcing dringt von der Peripherie der Geschäfte immer weiter zu den Kernprozessen vor.*

■ *Hybridstrukturen, die jenseits der Schwarz-Weiß-Alternative des „make or buy" aufsetzen, kreieren zukunftsträchtige und innovative Kooperationsformen.*

Unternehmen beinahe aller Branchen suchen angesichts stagnierender Märkte, der weltweiten Rezession und steigendem Kostendruck, verstärkt nach Möglichkeiten der Kosten- und Leistungsoptimierung. Längst sind es nicht mehr die klassischen Funktionen der Produktion und Datenverarbeitung, die vor der Alternative des Outsourcing stehen. Andere Glieder der Wertekette und zunehmend auch das Marketing und der Vertrieb, werden unter dem Gesichtspunkt der Option des Outsourcing kritisch beleuchtet.

Die durch Gesundheitsminister Seehofer und das durch ihn in die marktpolitische Realität gesetzte Gesundheits-Struktur-Gesetz (GSG) ausgelöste Krise in der Pharmaindustrie hat zu steigender Popularität von drei Amerikanismen in der Sprache des Managements geführt. Am Anfang stand ein rigoroses *Cost-Cutting*, das von einem eindeutigen *Downsizing* gefolgt wurde, und jetzt stellt sich vermehrt die Frage des *Outsourcing*. Hiermit eng verbunden sind zwei weitere Konzepte: das Activity-Based-*Costing* und das *Target Costing*. Am Ende dieser Begriffskette steht dann als ultima Ratio der „Lopismus".

Zwar gibt es in den Pharmafirmen noch immer recht viele Vorurteile gegenüber dem Outsourcing als Option, speziell wenn an mehr gedacht wird als eine kurzfristige Überwindung von Kapazitätsengpässen. Auch in Marketing und Vertrieb gibt es eine zwar lange Outsourcingtradition, allerdings keine wirkliche Kultur.

Die notwendige Zeit zur optimalen Vorbereitung eines Outsourcing-Projektes wird oft unterschätzt. Insbesondere fehlt es an einem systematischen Assessment der Alternative Outsourcing und einem halbwegs brauchbaren Kriterienkatalog hierzu. Auch der Grad an Klarheit über die Zielhierarchie bei der Outsourcing-Option läßt zu wünschen übrig. Die möglichen Zielvorstellungen reichen von Kostensenkung über größere Flexibilität hin zur Zeitreduktion und Zeitkompression. Oft wird allerdings eine qualitative Verbesserung oder Effizienzsteigerung von Funktionen anvisiert. Die durch multiple Outsourcing-Projekte entstehenden funktionalen Schnittstellen, Kommunikations- und Kulturfriktionsprobleme werden kaum antizipiert und folglich auch nicht proaktiv gemanaged, sondern eher als unliebsame Stolperdrähte oder gar Minenfelder im Verlaufe des Outsourcing-Projektes schmerzhaft entdeckt und mittels semi-professionellen Troubleshootings zugedeckt. Die hierdurch entstehenden Reibungsverluste können anderweitige Vorteile des Outsourcing wieder egalisieren.

Zwischen Anspruch und Wirklichkeit

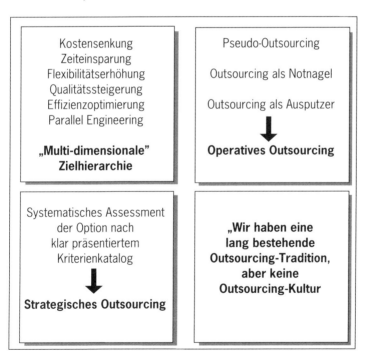

Vom Beginn des Outsourcing

In den Gründerjahren der Pharmaindustrie, den letzten Jahr-
zehnten des vergangenen Jahrhunderts, bestand die Wertekette
der Unternehmen aus nur sehr wenigen Gliedern. Die vor der
Produktion liegenden Glieder der Wertekette wie z.b. die Forschung und Entwicklung waren zu damaliger Zeit wenig entwickelt, kaum standardisiert und keinesfalls so komplex wie
heute. Damals genügten noch ein wenig Intuition, Phantasie oder
ein kreativer Gedanke zum Erfinden eines neuen Arzneimittels.
Behördliche Restriktionen, Auflagen oder Qualitätsanforderungen
waren nur rudimentär gegeben, und die Zeit zwischen Ent-
deckung und Vermarktung betrug seinerzeit nur ein bis zwei
Jahre. Beispielsweise genügten als Zulassungsdokumentation
eines Arzneimittels um die Jahrhundertwende, damals sprach
man auch noch von Registrierung, einige wenige Ordner. Heute
wurde beispielsweise der innovative Wachstumsfaktor G-CSF
(GRANOCYTE), ein Mittel zur Optimierung der Krebstherapie von
Rhone-Poulenc-Rorer, erst mit einer 130 000 Seiten starken Dokumentation in Deutschland zugelassen.

Durch die Fortschritte der systematischen Arzneimittelforschung
und der sich zunehmend spezialisierenden klinischen Forschung
und klinischen Pharmakologie, verbreitete sich das verfügbare
Arzneimittelangebot. Erste systematische Strukturen und Stan-
dardprozeduren wurden auf verschiedenen Gebieten eingeführt.
Das bis dahin nur vereinzelt vorhandene Know-how wurde weiteren Kreisen zugänglich gemacht und schrittweise entwickelte
sich dann eine Industrie und Forschung, die sich bevorzugt an
dem Verhalten der Konkurrenz orientierte.

Die Folge kennen wir alle. Es wurden ähnliche Substanzen, wie
die bereits bekannten, erforscht bzw. weiterentwickelt. Die un-
ausweichliche Folge waren zunächst innovative Me-too's und
schließlich weniger spannende Me-3s und Me-4s. Die Vermeh-
rung des Wissens und der Anstieg der Erkenntnisse blieb auch
den Aufsichtsbehörden und Zulassungsgremien nicht verborgen,
was in der Folge die Anforderungen an die Dokumentation zur

Belegung der Wirksamkeit, Sicherheit und Qualität der Erzeugnisse vervielfachte. Die ursprünglich einfache monodimensionale Pharmawelt wurde zunehmend komplizierter, spezialisierter und für den einzelnen Anbieter unüberschaubarer. Plötzlich genügte auch das „Do-it-yourself-Marketing" der Erfinder und Produzenten nicht mehr, um ausreichende Umsätze und Erträge zu erwirtschaften.

Die Einführung der Funktion des Produktmanagers und die Etablierung der Marketingfunktion in den 60er Jahren waren die Konsequenzen. Auf diesen Gebieten fehlte es an Know-how. Schon deshalb vertraute man viele Teilbereiche des neuen Unbekannten allzu gerne externen Profis aus dem Konsumgüterbereich an, denn die hatten eine analoge Entwicklung bereits einige Jahrzehnte früher durchgemacht. Aus dieser Zeit resultiert der Beginn der Outsourcing-Ära in der Pharmaindustrie.

Mit zunehmender Verkomplizierung und Spezialisierung der Arzneimittelentwicklung auf allen Stufen, Wirksamkeitsdokumentation, Sicherheitspharmakologie, Qualitätsanforderung, die Liste läßt sich beliebig fortführen, wurde es quasi unmöglich für den einzelnen Hersteller alle nun komplexen und viel- wie tiefschichtigen Wertekettenprozesse unter einem Dach in seinem eigenen Unternehmen eigenständig zu handhaben. Die heute äußerst hohe Spezialisierung jeder einzelnen Unternehmensfunktion und die teilweise übergroße Komplexität führten zum Aufbau von entsprechend aufgeblähten Abteilungen, Bereichen und Stabsstellen, die sich immer mehr auf eine kleine Teilfunktion spezialisierten. Die Folge waren insgesamt steigende Mitarbeiterzahlen mit überproportionaler Zunahme von hochqualifizierten und damit teuren Funktionsspezialisten. Alle wichtigen Prozesse wurden -getreu dem Prinzip des Taylorismus- parzelliert, mikronisiert bis atomisiert. Alles dauert immer länger, wird zunehmend weniger überschaulich und erfordert hohen Koordinationsaufwand. Diese Entwicklung konnte man sich nur in Zeiten beständig steigender Gesundheitsausgaben leisten. Heute, in der Zeit der Krise, der Rezession, des Ressourcen verbrauchenden Ostaufbaues, stellt sich die Frage nach der Wettbewerbsfähigkeit der deutschen Industrie in einem veränderten Licht.

Das Gesundheitsstrukturgesetz (GSG) macht den Einsatz externer Consultants, Dienstleister oder Katalysatoren fast zwingend erforderlich, wenn man nicht in Teilfunktionen subkritisch, zu teuer, zu langsam oder mit qualitativen Abstrichen agieren will. Die Option des Outsourcing wird sich zukünftig unter den veränderten Markt- und Wettbewerbsbedingungen von den Randbereichen der Unternehmensaktivitäten immer näher an die eigentlichen Kernleistungen heranschieben.

Outsourcing entlang der Wertekette

Entsprechend der stetig ansteigenden Spezialisierung und Differenzierung der einzelnen Abschnitte der Wertekette in einem typischen Pharmaunternehmen unserer Tage haben sich externe Anbieter auf beinahe jeden einzelnen Baustein spezialisiert. Überwiegend hat sich auch unter den Outsourcing-Anbietern die Selbst-Beschränkung auf eine spezifische Teilfunktion durchgesetzt. Die Konzentration auf eine echte Kern-Kompetenz bildet also auch hier die Grundlage des Wettbewerbsvorteils gegenüber dem unternehmensinternen Anbieter der gleichen Leistung. In den letzten Jahren rücken allerdings die Outsourcing-Anbieter immer näher zusammen. Teilweise kommt es zu Übernahmen, teilweise zu Kooperationen und weniger oft werden neue Felder noch aus eigener Kraft erschlossen.

Outsourcing in Marketing und Vertrieb

Unter der Schlagzeile, „wer kann gehen, wer muß bleiben", führte die asw 1993 eine Umfrage bei Marketingleitern durch. Geht es nach den Ergebnissen dieser Umfrage, so können sich Verkaufstrainer, Mitarbeiter der Messeabteilung, der Werbeabteilung, der Marktforschungsabteilung und der PR-Abteilung als erste auf ein Leben als freie Unternehmer vorbereiten. Bei der Frage nach dem eigenen- oder Leasing-Außendienst spalten sich

Hierarchie der Motivationen für Outsourcing

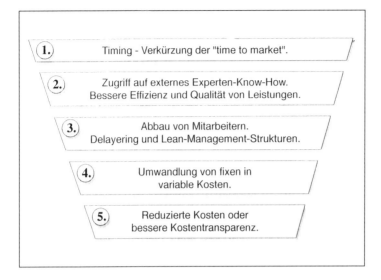

1. Timing - Verkürzung der "time to market".
2. Zugriff auf externes Experten-Know-How.
   Bessere Effizienz und Qualität von Leistungen.
3. Abbau von Mitarbeitern.
   Delayering und Lean-Management-Strukturen.
4. Umwandlung von fixen in variable Kosten.
5. Reduzierte Kosten oder bessere Kostentransparenz.

die Lager. Fast die Hälfte könnte sich auch beim „Herz des Vertriebes" die Alternative Outsourcing vorstellen. Als nicht geeignet für Outsourcing wird das Marketing-Controlling, der Verkaufsinnendienst und natürlich die Marketingabteilung angesehen – zumindestens vorerst noch.

Aber auch folgendes Szenario wäre denkbar. Stellen Sie sich vor, Sie haben eine Marketingabteilung, und niemand arbeitet dort. Zumindestens niemand, der auf ihrer unternehmensinternen Gehaltsliste steht. Den Marketing-Manager haben Sie von einer Consulting Firma angemietet, problemlos wie rent-a-head. IMS oder Nielsen stellt den Marktforscher. Werbung, Promotion und PR haben Sie schon lange zuvor an eine spezialisierte Agentur übertragen. Forschung und Produktentwicklung betreiben Sie gemeinsam mit einem Konkurrenten in einem Joint Venture. Den eigenen Außendienst haben Sie durch eine agile Leasing-Sales-Force abgelöst, die sich viel besser den Aktivitäten Ihres Produktportfolios anpassen läßt. Und die Betreuung von C- und D-Kunden haben Sie einer Agentur für Absatzförderung über-

tragen. Sie können sich das nicht vorstellen? Vielleicht heute noch
nicht, aber morgen?

Tatsache ist, es gibt bereits heute keine Marketingleistung, für die
es nicht einen geeigneten externen Anbieter gibt.

Preis und Erstattungsfähigkeit

Hinsichtlich dieser zwei strategischen Parameter werden durch
die Zulassungsbehörden inzwischen zusätzliche Belege zur Ko-
sten/Nutzen-Abwägung der neuen Produkte verlangt. Das
Know-how in den pharmazeutischen Unternehmen auf diesem
neuen Gebiet ist in der Regel nur schwach ausgeprägt. Die
Mehrzahl der Unternehmen bedient sich auf diesem neuen und
methodisch noch wenig klar definierten Gebiet der Hilfe externer
Spezialisten, wie Healthecon oder größerer externer Marktfor-
schungsinstitute (Batelle) mit entsprechenden Spezialabteilun-
gen.

Auch die Frage nach dem optimalen Preis wird nicht mehr allein
in den Unternehmen vorbereitet. Traditionelles Benchmarking
nach der Devise „was nimmt die Konkurrenz" oder schlichte
Kosten-plus-Kalkulationen reichen heutzutage nicht mehr aus.
Moderne Instrumente wie eine vielschichtige Marktsimulation,
unterstützt durch Methoden des Conjoint Measurement werden
heute zur Preisfindung herangezogen. Mit diesen Methoden vertraute Institute, wie UNIC in Bonn, werden inzwischen von vielen
Firmen aus unterschiedlichen Branchen zur Entscheidungsun-
terstützung bei der Preisfindung beauftragt.

Logistik

Generell war die Logistikfunktion immer das Aschenbrödel im
Marketing-Mix. Inzwischen wird diese stiefmütterliche Betrach-
tungsweise durch proaktiv denkende Pharmaunternehmen ab-
gelegt und durch innovative Konzepte belebt. Unter dem strategischen Aspekt der vertikalen Integration verschafft sich der

führende Generikahersteller in Deutschland, die RATIOPHARM, durch Gründung der Phönix-Holding ein starkes Standbein auf dem Feld des Großhandels, der Logistik. Reziprok versuchen bisher ausschließlich auf die Handelsfunktion spezialisierte Unternehmen, wie z. B. der Großhändler GEHE sich mittels Rückwärtsintegration eigener Herstellungsbetriebe zu versichern. Ein anderer Weg wird von der BAYER AG beschritten, die die Logistik ihres Mega-Sellers (der Großhändler spricht hier auch von dem für ihn attraktiven Schnelldreher) an einen externen Dienstleister übertragen hat. Auch die Entstehung sogenannter Logistikverbünde durch Pooling der Distribution von Pharmaunternehmen mit ähnlichem Sortiment ist in Vorbereitung.

Wenn der entscheidende Parameter, die unbedingte, umfassende und fast stündliche Lieferbereitschaft ist, so sollte man die Logistik an den hochspezialisierten Großhandel outgesourced belassen. Wenn der Parameter Lieferbereitschaft allerdings an Dominanz verliert, z. B. bei Bevorratungen, bei Schnelldrehern, bei Rabattierungsgeschäften oder bei Sortimentsbezug, kann man sich durchaus ein Zurücknehmen der bislang outgesourceten Funktionen in das Unternehmen vorstellen. Auch die Übertragung der dann neu definierten Logistikaufgabe an externe Dienstleister kann neu geprüft werden. Wichtig in diesem Zusammenhang bleibt auch die Frage nach der Kontrolle über den Vertriebskanal, denn die ist oft kriegsentscheidender als das Sparen von einigen Prozent-Kosten.

Promotion und Kommunikation

Angesichts der Vielzahl von Serviceanbietern im Kommunikationssektor sollte man annehmen, daß die Pharmaunternehmen nur noch wenige dieser Aufgaben in den eigenen vier Wänden erledigen. Tatsache aber ist, mehr als die Hälfte aller wissenschaftlichen Broschüren und mehr als ein Viertel aller Besprechungsunterlagen für die Außendienste werden noch immer unternehmensintern erstellt. Dies ist das aktuelle Ergebnis einer von Medicus Intercon International im Jahre 1993 durchgeführten Umfrage in 5 europäischen Ländern.

Schaut man sich die verschiedenen Objekte hinsichtlich ihrer Genese einmal näher an, so erkennt man, daß Kommunikationskonzepte, Folder, Mailings, die Mediaplanung und insbesondere die Mediaabwicklung zu über 75 Prozent durch spezialisierte externe Agenturen abgewickelt werden. Wissenschaftliche Broschüren und Produktmonographien, das Skelett des sogenannten ethischen- oder Informationsmarketings, werden im Gegensatz hierzu noch immer zu einem überwiegenden Teil im eigenen Unternehmen erarbeitet und produziert. Der Anteil von freien Mitarbeitern (Medical Consultants) oder externen Agenturen liegt bei diesen Marketing-Instrumenten zwischen 1 Prozent und maximal 80 Prozent. Der durchschnittliche Anteil der hausinternen Leistungen am Gesamtvolumen liegt für wissenschaftliche Broschüren um die 70 Prozent, Kommunikationskonzepte bei 57 Prozent und sinkt bei Mailings auf nur noch 23 Prozent ab. Nimmt man Anzeigen, die Mediaplanung und Abwicklung unter die Lupe, so sinkt der Prozentsatz der hausinternen Leistungen auf einen Niedrigstand von 14 Prozent bzw. 12 Prozent ab.

Als Folgewirkung der GSG-induzierten Marktreduktion, dem Trend zum vermehrten Kostensparen und der angestrebten Rationalisierung von Abläufen, könnte es wieder zu einem verstärkten „make" oder besser „do-it-yourself" der geschilderten Instrumente kommen. Durch die weitverbreitet verfügbaren semi-professionellen DTP-Software-Programme in Kombination mit entsprechend immer leistungsfähigerer Ausgabe-Hardware, kommt es vielfach zu einer Reintegration dieser Tätigkeiten in die Unternehmen. Offen bleibt bei diesem Vorgehen allerdings, ob die Endprodukte dann auch einem Anspruch an optimale Gestaltung und sozialtechnische Professionalität standhalten.

Anders stellt sich die Situation bei der Konzeption, Gestaltung und Realisierung der sogenannten „new media" dar. Video-Clips, Computer Animationen, CD-ROM und CD-Interactive lassen sich – wegen des fehlenden Know-hows in den Unternehmen – besser, kaum allerdings kostengünstiger, durch externe professionelle Studios und Agenturen realisieren. Bei diesen Instrumenten und den ihnen adäquaten Medien liegen die externen Leistungen eher über 90 Prozent.

Auf dem Gebiet der Sales Promotion, der Absatzförderung und insbesondere auf dem Feld des wissenschaftlichen Veranstaltungsmanagements, dominieren heute die Serviceanbieter. Nach gemeinsamer Erarbeitung der Grundkonzeption und der Umsetzung des Basiskonzeptes in die gewünschten Medien wird die Durchführung – die nur zu oft im Stile einer Scientific-Roadshow abläuft – an externe Agenturen übertragen.

Auch Telefon- und Direct-Mail-Marketing werden überwiegend durch professionelle externe Dienstleister abgewickelt. Selbstgestrickte Mailingaktionen durch die Marketingabteilung gehören der Vergangenheit an. Allenfalls können kleinere Projekte mit entsprechend kleinen Zielgruppen durch hausinterne Abteilungen für Telefon- und Direct-Mail-Marketing abgewickelt werden.

Produkt

Am Kern des Arzneimittels läßt sich nur durch zeit- und kostenintensive klinische- oder galenische Entwicklung etwas verändern. Die Anpassung der Dosierung an bestimmte Verwendergruppen, z. B. für Kinder oder Senioren, die Entwicklung einer besseren Galenik mit Reduktion der Einnahmefrequenz von 3 x täglich auf 1 Einnahme pro Tag, die Bereitstellung vereinfachter handling devices, wie beispielsweise des Insulin-Pen oder des Autoinjektors für IMIGRAN, ein Anti-Migräne-Produkt von Glaxo, mögen hier genannt sein. Oft werden diese Wünsche mit starker Dringlichkeit durch das Produktmanagement vorgetragen. Sie treffen allerdings auf oft nur begrenzte Zustimmung durch die Kollegen aus den hausinternen Bereichen der klinischen Forschung und Galenik, denn hier stehen andere innovative Projekte auf der Prioritätenliste obenan. Der Interessenkonflikt führt dann zu einer Tradeoff-Abwägung, hinsichtlich der Nutzung der nur begrenzten Mittel und Kapazitäten. Gezieltes Outsourcing kann hier manchen Engpaß gut überbrücken.

Auch die klinische Forschung bleibt von der Kostenkontrolle nicht verschont. Die Budgets stagnieren, werden teilweise sogar reduziert. Umgekehrt steigen die Anforderungen weiter an. Die trei-

Product-Fostering

Übertragung der Verantwortung für

- Marketing
- Vertrieb
- Logistik
- Wissenschaftliche Betreuung

für einen klar definierten Zeitraum (zumeist 3-5 Jahre) auf eine schlagkräftige Service-Organisation.

Durch Product-Fostering läßt sich oft eine lebenszyklusgerechte M&V-Unterstützung eines für die eigenen Außendienstlinien zu breiten Portfolios realisieren.

benden Kräfte für ein Outsourcing waren im Falle der klinischen Forschung nicht die bessere Qualität der Resultate oder die kostengünstigere Durchführung durch externe CROs (Clinical Research Organizations).

Eine ganz andere Variante unter der Überschrift „Produkt" ist das sogenannte „Product-Fostering". Insbesondere in Großbritannien liegen damit längere Erfahrungen vor. Unter „Product-Fostering" versteht man die Übertragung der Verantwortung für Marketing, Vertrieb und Logistik für einen klar definierten Zeitrahmen (zumeist zwischen 3 bis 5 Jahren) auf eine schlagkräftige Serviceunternehmung.

Besonderen Gebrauch macht man von der Option des Fostering in folgenden Fällen: Bei Produkten mit ausreichendem Potential, aber fehlender Ressourcenunterstützung innerhalb des Unternehmens, wie zu geringe oder gar keine freie Außendienst-Besprechungskapazität, bei Line-Extensions von vorhandenen Produkten, die eigene spezifische Zielgruppen haben und durch das Unternehmen bisher nicht abgedeckt wurden oder bei Produkten, die nicht zum Kompetenzfeld der eigenen Sales Force

passen. Durch Product-Fostering läßt sich oft eine lebenszyklusgerechte Marketingunterstützung eines für die eigenen Außendienstlinien zu breiten Portfolios realisieren.

PR, Pharma-Politik und Pharma-Recht

Auf diesen Gebieten verläßt man sich nicht mehr ausschließlich
auf die hausinternen Spezialisten, denn die ständig größer werdende Komplexität der Entscheidungsprozesse und Beeinflus-
sungswege machen den Rat und die aktive Unterstützung durch
unabhängige externe Spezialisten erforderlich. Entgegen diesem
Trend zum Outsourcing versuchen andere Pharma-unternehmen
gezielt, externe Spezialisten aus den Krankenkassen, den Kas-
senärztlichen Vereinigungen oder den Gesundheitsbehörden
abzuwerben und in die eigene Firma zu integrieren. So versicherte
sich die Ciba-Geigy schon vor vielen Jahren der Dienste des
ehemaligen Vizepräsidenten im BGA, und die deutsche Tochter
der amerikanischen Upjohn beschäftigt eine ehemals für die
„Grünen" aktive Gesundheitspolitikerin, um ihre Interessen besser vertreten zu wissen. Externe Lobbyisten werden inzwischen
von vielen Firmen, sowohl in Bonn wie in Brüssel, eingesetzt.

Marketing-Services

Jenseits der direkten „income producer" Marketing und Vertrieb
befindet sich das Heer der sogenannten „income enhancer", die
häufig unter der Aggregationsbezeichnung Marketing Services
zusammengefaßt werden.

Marketingforschung

Hier stellt sich zunächst einmal die Frage der Aufgabendefinition,
des Selbstverständnisses und der Rollendefinition, erst danach
sollte man sich an die Beantwortung der Frage des „make or buy"
herantasten. Die herkömmliche Marktforschung hat inzwischen
in vielen Unternehmen einen Reifegrad erreicht, der die Frag nach
einem sanften Tod (Outsourcing) oder einer Erneuerung von innen
heraus (Evolution) stellt.

Die traditionelle Marktforschung war überwiegend auf das Erfassen von Marktdaten und die quantitative Beschreibung von Märkten ausgerichtet. Der Makro-Ebene galt das Augenmerk. Mit der zunehmenden Differenzierung der Nachfragestruktur und dem Aufkommen neuer veränderter Entscheidungsstrukturen waren vermehrt qualitative und erste analytische Ansätze in der Marktforschung erforderlich. Verfeinerte quantitative Modellbildung, verhaltens- und einstellungsbezogene Marktforschungsmethoden kennzeichen den heutigen Stand. Zukünftig werden vor allem Szenario-Technik, What-If-Analysen, Prognoseentwicklung, Simulationen und Modellbildung im Fokus der Marketing-Forschung stehen. Hinsichtlich der Zeitdimension verschiebt sich das Aktionsfeld der Marktforscher von der Vergangenheitsinterpretation (Was geschah?), über die Gegenwartsanalyse (Was geschieht?) zum kausalanalytischen und prognostischen hin (Weshalb geschieht es und was wird geschehen?).

Es ist doch völlig klar, daß der Marktforscher niemals alle Informationen persönlich zusammenstellen kann. Arbeitsintensive, wenig intelligenzintensive Teilschritte, wie die Datensammlung oder Datenkodierung, gehören einfach outgesourced. Aber alle Teilschritte, die spezifisches Know-how, Intelligenz oder Interpretation vor dem Hintergrund gewachsener Empirie erfordern, sollte man besser nicht outsourcen, denn sonst kommt es zu einem Qualitätsverlust im Unternehmen. In der Marktforschung, aber auch auf der Ebene des Produkt- und Marketing-Managements brauchen die Unternehmen Manager, die über qualifiziertes Methodenwissen, Kritikfähigkeit gegenüber der eingesetzten Methodik und Validierungs-Know-how verfügen. Durch komplettes Outsourcing aller Marketing-Forschungsaufgaben kommt es meiner Ansicht nach zu einem echten Qualitätsverlust im Unternehmen. Spezialisten, die die Validität der von externen Instituten angewandten Methoden professionell beurteilen können, sind unverzichtbar.

Marketing-Controlling
Diese Funktion ist kaum für Outsourcing geeignet. Allenfalls käme ein Outsourcing in Betracht, wenn es sich um einen Controller nach „traditionellem" Muster handelt, der seine Wurzeln im

Rechnungswesen des Unternehmens hat. Der Marketing- und Sales-Controller neuen Zuschnitts, wie man ihn in turbulenten Zeiten und Situationen mit hoher Diskontinuität benötigt, kann nicht von außen kommen. Diese Controller muß man sich inhouse ziehen. Sie sollten neben ihrer professionellen Berufsausbildung neuere Methoden wie die des Target-Costings oder Activity-based-Costings beherrschen und persönlich Erfahrungen aus der Marketing-, möglichst auch der Sales-Funktion mitbringen, um dann eine sinnvolle Umsetzung in ihr spezifisches Instrumentarium sicherzustellen.

Training

Diese Funktion gerät bei der zur Zeit ablaufenden Rationalisierungswelle und der Rückbesinnung auf die Kern-Kompetenzen des Unternehmens zunehmend unter Druck. Das früher oft genannte Argument, nur ein unternehmensinterner Trainer, der selbst als Sales Rep vor Ort das Business kennt, kann erfolgreich und mit der erforderlichen Akzeptanz durch die Außendienstmitarbeiter schulen, verliert an Glaubwürdigkeit wie Gültigkeit. Auf dem Gebiet des Trainings gibt es sicherlich noch viel Spielraum für Outsourcing.

Außendienst

Die klassischen und erweiterten Instrumente des Marketing-Mix werden durch immer spezialisiertere Aufgaben des Vertriebes ergänzt. Zukünftig gibt es nicht mehr den Außendienst eines Unternehmens, sondern spezialisierte Vertriebs-Outlets wie Hospital- oder Facharzt-Außendienste, Key Accounter oder kombinierte Arzt/Apotheken-Außendienste. Die Differenzierung der Außendienststrukturen erhöht die Anforderungen an eine gezielte Steuerung von Mitarbeitern und Informationen.

Das Spektrum der Möglichkeiten reicht vom Outsourcing diskreter Teilfunktionen, wie dem Training, über komplexere Funktionen wie der AD-Steuerung oder dem ETMS-Management, bis hin zum kompletten Outsourcing der gesamten AD-Mannschaft inklusive aller Support- und Steuerungsfunktionen. Manchmal besteht das

Ziel darin, die Coverage (Prozentuale Abdeckung der Zielgruppe durch Besuche der Pharmareferenten) für ein bestimmtes Produkt zeitweise durch eine Leasing-Sales-Force zu erhöhen, manchmal werden auch zeitweise unbesetzte Außendienstgebiete mit Leasing-Referenten besetzt.

Auch die Varianten des Co-Promoting und Co-Marketing (gemeinsamer Vertrieb des selben Produktes unter einem gemeinsamen oder zwei unterschiedlichen Warenzeichen) sind Spielarten des Outsourcing und gehören hierher. Bei der Beschäftigung von Leasing Außendiensten treten viele Probleme auf. Nur durch Abarbeiten einer spezifischen Checkliste kann man sich hier vor unliebsamen Überraschungen mit dem Outsourcing-Partner wirkungsvoll schützen. Der Vertrag sollte unter allen Umständen die folgenden Punkte behandeln: Die genaue Definition der Rechtsnatur des Vertrages (Dienstleistungsvertrag), die spezielle Ausgestaltung und Einhaltung des Vertrages im Hinblick auf das Arbeitnehmerüberlassungsgesetz, die Regelung der betriebsverfassungsrechtlichen Beziehungen, ein Rahmenwerk hinsichtlich der Beachtung der Vorschriften des AMG (Arzneimittel-Gesetz), der Vorschriften des UWG (Gesetz gegen unlauteren Wettbewerb) und HWG (Heilmittel-Werbe-Gesetz), sowie präzise Vereinbarungen zum Datenschutz und spezifisch formulierte Rücktrittsvereinbarungen und Regreßklauseln. Anhand der Vielzahl der zu beachtenden Gesetze, Vorschriften und Bestimmungen sieht man unschwer, daß ein derartiger Vertrag professionell juristisch geprüft sein sollte, bevor er unterzeichnet wird.

Zunehmend wird auch die Außendienstlogistik durch externe Dienstleister (Trans-o-flex, United Parcel oder Federal Express) übernommen, denn deren Timing ist einfach zuverlässiger. Verspätetes Eintreffen der Muster, Besprechungsunterlagen und anderer Support-Materialien können die Effizienz der Außendienste erheblich beeinträchtigen. Den etwas höheren Kosten durch externe Logistiker stehen garantierter Lieferservice, professionelles Timing und hohe Customer Satisfaction gegenüber. Was das für die Effizienz des teuren Instrumentes Außendienst wert ist, muß jedes Unternehmen selbst entscheiden.

Argumente pro und contra Outsourcing

Viel wichtiger als der Kostenaspekt ist für die Pharmaindustrie heute der Gesichtspunkt des Timing. Nur durch gezielte Parallelentwicklung von strategischen Produkten und Projekten kann man heute noch eine führende Position im Markt erzielen.

Nach der Art der Aufgabe oder dem Typ des Projektes, das auf dem Prüfstand zur Frage des Outsourcing steht, kann man sich eine erste Meinung für oder gegen Outsourcing bilden.

Pro & Contra Outsourcing

Pro	Contra
■ Konzentration auf Kernelistungen	■ Steigende Abhängigkeit von Dienstleistern
■ Qualitative Verbesserung	■ Abgabe bis Aufgabe von unternehmenseigenem Know-how
■ Mehr Kreativität und Innovationskraft	■ Schnittstellenprobleme durch unterschiedliche Kulturen
■ Zugriff auf externes Experten-Know-how	■ Erhöhter Koordinations- und Kontrollaufwand
■ Zeiteinsparungen	■ Reibungsverluste
■ Mehr Flexibilität	■ Unflexible Verträge und Zunahme der Transaktionskosten
■ Bessere Effizienz und Qualität von Leistungen	■ Standardlösungen statt Exclusivlösungen
■ Kostentransparenz und reduzierte Kosten	■ Probleme des „not invented here" Syndromes
■ Umwandlung in variable Kosten	
■ Abbau von Mitarbeitern	

Standard-Projekte

Das sind Aufgaben oder Projekte, die klar definiert sind hinsichtlich der zu erreichenden Ziele wie auch ihrer Lösungsoptionen, mit einer zeitlichen Befristung von Wochen oder Monaten. Handelt es sich um eine klar umrissene Routineaufgabe bei der die Leistung und ihre Lösung – respektive Umsetzung – klar definiert ist, so kann man sie mit geringem Risiko an externe Dritte vergeben, sofern Zeit-, Kosten-, Qualitäts-, Flexibilitätsvorteile oder eigene unternehmensinterne Kapazitätsengpässe dafür sprechen.

Evolutionäre-Projekte

Bei dieser Gruppe besteht zumeist Klarheit über das Ziel, den Zielerreichungsgrad und den Zeitrahmen. Allerdings herrscht eine erhöhte Unsicherheit darüber vor, wie die Zielerreichung angegangen werden soll, das heißt, die Methodik zur Lösung des Problems ist nicht eindeutig vorgegeben und wird durch zumeist mehrere Optionen mit unterschiedlicher Erfolgswahrscheinlichkeit kompliziert. Aus der gegebenen Unsicherheit der Lösungsansätze zur Bewältigung des Problemes resultiert eine eher mittelfristige Zeitorientierung von Monaten bis zu einigen Jahren. Bei Aufgaben oder Projekten dieses Typs, mit nur teilweise klar definierten Aufgaben und Lösungsoptionen oder bei integrativen und komplexen Zielen mit vielfältigen Lösungsoptionen, steigt das Risiko für ein Outsourcing beträchtlich an.

Innovative-Projekte und New Ventures

In diese Klasse fallen Aufgaben und Projekte mit nur kontur- oder schemenhafter Definition ohne klare und eindeutige Lösungsstrategie. Der Zeitrahmen darf eher als langfristig definiert werden, von mindestens einem Jahr bis mehrjährig reicht das Spektrum. Bei Projekten dieses Typs stehen qualitative- und strategische Aspekte im Vordergrund. Outsourcing für Projekte dieser Definition ist nur in besonderen Fällen ratsam. Wenn es sich um gemeinsame Projekte mit strategischen Providern handelt, die im Sinne einer virtuellen Ergänzung der unternehmenseigenen Ressourcen angesehen werden, so kann ein bedingtes Ja zum Outsourcing richtig sein. Ein Outsourcing an nicht strategische Partner käme eher einem Gambling gleich.

Die positive Bewältigung von Schnittstellenproblemen stellt eine conditio sine qua non für jede Outsourcing-Variante dar. Kosten-, Qualitäts- und Zeitvorteile können durch Reibungen an der Schnittstelle wieder verloren gehen. Klare Zuständigkeiten und eine Dezentralisierung des Kontaktes zwischen Dienstleister und Auftraggeber vermindern dieses Problem. Auch ein zu häufiger Wechsel des Outsourcing-Dienstleisters führt zu erhöhten Kosten, denn auch der Umgang mit externen Dienstleistern unterliegt den Gesetzen der Erfahrungskurve. Bei strategischen Outsourcing-Projekten empfiehlt es sich, mit Partnern zu kooperieren, die mit dem Produkt sowie mit Prozeß- und Branchenproblemen langfristig vertraut sind und gleichfalls in der Lage sind langfristig konzeptionell zu denken. Outsourcing-Überlegungen sollte man ohne Not zum richtigen Zeitpunkt fällen, dann sind sie auch tragfähig. Unmittelbar erwartete Kostensenkungen durch Outsourcing stellen sich oft nicht sofort ein, sondern werden zunächst durch höhere Transaktionskosten zwischen Unternehmen und Dienstleistern aufgezehrt. Lernkurveneffekte lassen sich halt nur begrenzt abkürzen. Utopie wird das totale Outsourcing der Marketing-Funktion bleiben. Denn kein externer Dienstleister besitzt das Maß an Identifikation mit dem Unternehmen wie gut motivierte interne Mitarbeiter. Identifikation, Unternehmenskultur und shared values sind Werte, die Spitzenleistungen erst ermöglichen. Das gemeinsame „an einem Strang ziehen", über unterschiedliche Elemente der Unternehmenswertekette hinweg, kann nicht durch ein isoliertes Baukasten-Marketing ersetzt werden.

Entwicklungen und Chancen des Outsourcing

Zunächst lassen sich prinzipiell unterschiedliche Formen von Outsourcing-Arrangements abgrenzen. Hier werden die wesentlichen und am eindeutigsten definierten vier unterschiedlichen Typen dargestellt. Das Spektrum der Möglichkeiten reicht von

Unterschiedliche Typen von Outsourcing-Arrangements

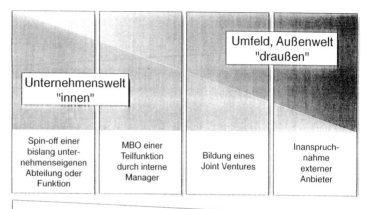

einem Spin-off einer bislang unternehmenseigenen Abteilung oder Funktion, über einen Management-Buy-Out (MBO) einer Teilfunktion durch interne Manager, oder die Bildung eines Joint Ventures mit einem Partner bis zu einer vollständigen Inanspruchnahme externer Anbieter. Es handelt sich folglich um ein Kontinuum von innen nach außen. Beginnend mit der Phase eins als noch teilweise unternehmensverbunden, über zunehmende Ablösung vom Ursprungsunternehmen in den Phasen zwei und drei bis zur vollkommenen Fremdleistung in der Stufe vier.

Der durch die Krise im Gesundheitswesen ausgelöste Kostendruck wird zu einem weiteren Anstieg der Outsourcing-Leistungen führen. Viele unternehmensinterne Teilfunktionen werden über die oben dargestellten Stufen in die Selbständigkeit entlassen werden. Parallel wird die zunehmende Spezialisierung bestimmter Teilfunktionen (AD-Steuerung und Marketingforschung) und Instrumente (Multi Media Applikationen) den Einsatz spezialisierter Consultants oder Agenturen vermehrt nach sich ziehen.

Outsourcing – Ein Null-Summen-Spiel?

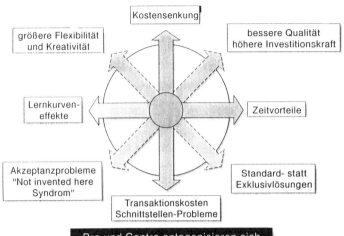

Vorsicht ist geboten in Zeiten, wo die Reduzierung des Headcounts an der ersten Stelle der Managementaufgaben liegt. Das Verlagern von internen Headcounts auf „outgesourcete" Headcounts löst nur scheinbar ein Problem. Hier ist auch der Begriff des Pseudo-Outsourcing, oft aus konzern-politischer Sicht erzwungen, angebracht. Dieser kurzfristige, durch die augenblickliche Strukturkrise und die GSG-Folgen ausgelöste Outsourcing-Boom werden sich bald wieder auf einem niedrigeren Niveau einpendeln. Umgekehrt wird das echte Outsourcing, als Folge einer Restrukturierung und Neukonfiguration der Geschäftsprozesse zunehmen. Auch wird es einen Trend hin zum mehr langfristigen und strategischen Outsourcing in den nächsten Jahren geben.

Die Besinnung der Pharmaunternehmen auf ihre Kernleistungen wird vieles von dem, was man bisher gerne unter dem eigenen Dach machte als outsourcingwürdig erscheinen lassen. Das Ziel, nur kurzfristige Kapazitätsengpässe zu meistern, wird an Dominanz verlieren.

Über die einzelnen Stufen der Wertekette hinweg wird sich der Grad an Outsourcing-Leistungen wahrscheinlich in folgender Richtung entwickeln: Zunächst werden vielfache strategische Allianzen auf dem Gebiet der Forschung und Entwicklung die unternehmenseigenen Forschungsanstrengungen ergänzen, dann wird sich die Quote der Outsourcing-Leistungen in der Produktion schrittweise von heute ca. 25 Prozent auf 60 Prozent bis zur Jahrtausendwende erhöhen und auch auf den Sektoren von Marketing und Vertrieb wird ein breites Spektrum an externen Dienstleistern eingesetzt werden. Insbesondere der heute nur marginal übliche Einsatz von Leasing-Außendiensten wird dem Beispiel in anderen Ländern folgend, stark zunehmen.

Zusammenfassung

In Zeiten der konjunkturellen Schwierigkeiten und Krise hoffen Manager, durch sogenannte Schnelldiäten, wie beispielsweise Cost-Cutting, Downsizing oder Outsourcing ihre angeschlagenen Unternehmen wieder auf Linie zu trimmen. Aber allein bei den Kosten anzusetzen ist zu wenig, um Betriebe von Grund auf zu erneuern oder sie wieder wettbewerbsfähig zu machen. Erst durch eine gezielte Neudefinition der Geschäfte und Kernleistungen sowie durch ein intelligentes Restrukturieren der Unternehmen, können wieder führende Positionen im Wettbewerb erreicht werden. Die Antwort auf die Frage des „make or buy" kann zukünftig nicht unisono buy, statt make heißen. Ein generelles Pro oder Contra für ein Outsourcing gibt es einfach nicht. Es ist wie im richtigen Leben, es kommt darauf an.

Unstrittig lassen sich Routineleistungen und operativ klar definierte Aufgabenblöcke an externe Professionals vergeben. Was aber sollte man aus strategischen und wettbewerbsrelevanten Gründen besser weiter im eigenen Hause ansiedeln?

In unterschiedlichen Stufen der Wertekette dominieren andere Motive. In den Bereichen von F & E steht das Talent-sharing obenan, in der Produktion kommt es auf intelligentes Capacity-sharing an, und auf dem Gebiet der Marktbearbeitung sind insbesondere Time- und Cost-sharing die Leitmotive. Relativ selten findet man integrale Allianzen, bei denen mehrere bis alle unternehmerischen Funktionen zusammengelegt werden, um Synergien zu erzielen, indem man die Doppelspurigkeit beseitigt.

Bei der Entscheidung pro oder contra Outsourcing ist der Kostenaspekt also gar nicht mehr die einzig entscheidende Determinante. Ausschlaggebend ist heute vermehrt der Zeitaspekt. Die Verkürzung der time to market ist die entscheidende Determinante. Wer zuerst mit seinem neuen Produkt auf dem Markt ist, macht das Geschäft. Allenfalls der sogenannte Fast-follower kann noch mit einem entsprechenden Return-on-Investment rechnen, die nächsten in der Rangfolge des Marktzutritts sind die Verlierer.

Daß heutzutage Outsourcing nicht mehr zu umgehen ist, konnte klar aufgezeigt werden. Wie man allerdings die Option Outsourcing strategisch richtig und operational sicher einsetzt, hängt von einer Vielzahl an Parametern ab. Oft werden initiale Vorteile der externen Leistung durch erhöhte Schnittstellenprobleme, Kulturfriktionen oder Kommunikationsmißverständnisse egalisiert. Nur durch sorgfältiges Managen der Outsourcing-Projekte und die vorherige Auswahl des besten Partners können Mißerfolge reduziert werden.

Literatur:

Alke, J.:
  Rechtliche Voraussetzungen für die Beauftragung externer Pharmaberater, Pharma Marketing Journal 2/1993, S. 66-70
Barber, M.:
  Active ingredient manufacture -time to reconsider?, Scrip Magazine 9/1993, S. 23-27
Byrne, F.:
  Pharmaceutical manufacturing -acompetitive advantage? Scrip Magazine 9/1993, S. 31-33

Fleet, D.:
Strategic Alliances for the Pharmaceutical Industry, Pharmaceutical Times July/August 1993, S. 17-21

Gruenwald, G.:
Inside/outside sourcing integration holds the key to future competitive success, Marketing News 19/1993, S, 39-41

Hanser, P.:
Marketing-Outsourcing. Schlankheitskur mit Risiko, absatzwirtschaft 8/1993, S. 34-39

Hill, T.:
Calculating the cost of clinical research, Scrip Magazine 3/1994, S. 28-30

Hone, J.:
The rise and pull of CRO partnerships, Scrip Magazine 3/1994, S. 32-34

Horchover, D.:
Will third-party salespeople fuel European expansion?, Business Marketing Digest, Vol.18 No.3, 3/1993, S. 63-68

Horvath, P. und Herter, P.:
Benchmarking – Vergleich der Besten mit den Besten, in: Controlling, 1/1992, S. 4-11

Jaben, J.:
A paler shade of blue: IBM seeks outside marketing help, Business Marketing 1/1993, S, 3

Klage, J.P.:
Grenzen der Auslagerung von Marketing-Dienstleistungen, Blick durch die Wirtschaft, 1. Oktober 1993

Lilley, D.:
Außendienst-Organisationen nach Bedarf flexibel floaten lassen, Pharma Marketing Journal 1/1993, S. 26-29

Lilley, D.:
Allianzen auf Zeit sparen immense Kosten, PM-Report 4/1993, S. 13-16

Lindner,K.:
Auftragsforschung: Welches Institut soll man beauftragen?, PM-Report 9/1993, S. 22-26

Lloyd, J.:
Contract manufacturing. Turning the tide, Pharmaceutical Vision 9/1993, S. 23-27

Marken, G. A.:
Marcom departments trimmed as business adopts outsourcing, Marketing News12/1993, S, 8

McCabe, J.V.:
Outside Managers offer Packaged Export Expertise, Journal of Busisness Strategy, Vol.11, No.2 Mar/Apr.1990, S. 20-23

Patterson, S.;Loveridge, J.; Steiner, J.:
The pharmaceutical industry -the last dinosaur?, Scrip Magazine, July/August 1993, S. 16-18

Pharmaceutical Vision:
9/1993 Contract Research Organizations, Facts and Figures, S. 29

Milmo, S.:
Contracting market expands; intermediates, Pharmaceutical Vision, 10/1993, S. 15-21

Schrift der Deutschen Marketing Vereinigung:
Outsourcing. was rechnet sich – was rechnet sich nicht?, Herausforderung für engere Märkte. 21. Deutscher Marketing-Tag 10/1993, S. 14-16

Wilkes,D.:
Contract Manufacturing, Trials and Tribulations, Pharmaceutical Vision, 10/1993, S. 29-33

Service – Wege zu neuen Geschäftspotentialen und höherer Kundenbindung

Stefan M. Läbe/Frank N. Stolpmann

Dipl.-Kfm. Stefan M. Läbe ist Partner der IMMA Industrie-Manage-ment und Marketing Consultants GmbH, Berlin - München. Er ist Spezialist für die Vermarktung industrieller Dienstleistungen und die Optimierung kundenorientierter Unternehmensabläufe.

Dipl.-Kfm. Frank N. Stolpmann ist Geschäftsführer und Partner der IMMA Industrie-Management und Marketing Consultants GmbH, Berlin-München.

- *Effizienz schafft Kundenzufriedenheit.*

- *Die Vermarktung von Serviceleistungen ist die größte Herausforderung für den Service-Manager. Serviceprodukte haben einen Markt mit eigener Dynamik.*

- *Die Bedeutung des Service für den Geschäftserfolg wächst in dem Maße, in dem Kundenbindung wichtiger wird als Kundenfindung.*

Megatrend Dienstleistungen

Einer der wichtigsten „Megatrends" der heutigen Zeit ist das enorme Wachstum im Dienstleistungssektor. In einem Leitartikel formulierte die Frankfurter Allgemeine Zeitung die Frage, was wir denn eigentlich in Zukunft produzieren und was wir unseren Kunden anbieten. Sie fügte treffend an: „Sind es Automobile oder ist es Mobilität, sind es Telefone oder Kommunikation, sind es Operationen oder Genesung?" Hier wird deutlich, daß die zukünftigen Märkte nicht von den klassichen Produkten beherrscht werden, sondern von einem Mix aus Hardware und Dienstleistungen. Dieser Trend ist nicht einfach das Resultat eines plötzlich aufkeimenden Wunsches nach verschiedenen Diensten. Vielmehr ist die Nachfragesteigerung im Dienstleistungsbereich im wesentlichen auf das hohe Streben nach Effizienz zurückzuführen. Effizienz schafft Kundenzufriedenheit.

Insbesondere die in der heutigen Zeit mögliche Service-Infrastruktur mit digitalen und mobilen Kommunikationsinstrumenten schafft neue unternehmerische Chancen und Freiräume. Teleshopping, Telemarketing, Telebanking sind heute Begriffe des alltäglichen Sprachgebrauchs. Bibliotheken werden durch rund um die Uhr verfügbare Datenbanken abgelöst. Der Einsatz eines Service-Technikers wird durch Fernwartung ersetzt. Dienstleistungen werden immer professioneller, das Spezialistentum wächst. Die Folge sind enorme Produktivitäts- und Effizienzfortschritte. So greifen Unternehmen zunehmend auf externe Dienstleistungen zurück bis hin zur vollständigen Ausgliederung (Outsourcing) einer zuvor intern erbrachten Leistung.

Die Industrie erkennt heute, daß das Angebot produktbegleitender Serviceleistungen eine zentrale Frage des Überlebens im Wettbewerb ist. Dieser Dienstleistungsbereich soll im Mittelpunkt dieses Beitrags stehen. Hersteller von Büromaschinen, Traktoren, Haushaltsgeräten oder Werkzeugmaschinen treffen heute mehr und mehr auf einen Käufermarkt, auf dem Differenzierungsmöglichkeiten über das Produkt (Entwicklung von Innovationen) und über den Preis (Kostenmanagement) nahezu ausgeschöpft sind. Der Wettbewerb um den Kunden verlagert sich auf das Produktumfeld. So ringen Hersteller und Händler der Automobilindustrie mit immer neuen Serviceleistungen um die Gunst des Kunden. Die einhellige Meinung ist, daß der Service beim Autokauf künftig die entscheidende Rolle spielen wird: „Wenn die Autos immer ähnlicher werden, müssen wir uns durch die Dienstleistung am Kunden unterscheiden." So ist der Servicewettlauf in vollem Gange: verlängerte Werkstattzeiten, Wochenend-Notdienste, Werkstatt-Schnelldienste, kostenlose Ersatzfahrzeuge, Abhol- und Zustellservice, Flughafen-Service. Dazu werden Leistungsversprechen abgegeben, etwa Mobilitäts-Garantien, die von der Pannenhilfe bis hin zur Übernahme der Übernachtungs- und Reisekosten bei längeren Reparaturen reichen.

Neue Umsatz- und Ertragschancen

Spätestens hier wird deutlich, daß der Service für viele Hersteller gerade in hart umkämpften Märkten wie der Automobil- oder Computerindustrie zu einem entscheidenden Marketinginstrument geworden ist. Dabei sind nicht alleine mögliche Wettbewerbsvorteile das Ziel der Marketing-Manager. Der Service eröffnet neue Umsatzchancen. Serviceleistungen entwickeln sich zum eigenständigen „Produkt neben dem Produkt". So ist der Service beispielsweise in der Datenverarbeitungsbranche oft der einzige Bereich mit deutlich positivem Ergebnis. Auch im Maschinenbau werden die Erträge kaum mehr alleine durch die Erstausrüstung erwirtschaftet, sondern erst durch die kundenorientierte Erbringung von Dienstleistungen wie Montage, Inbetriebnahme, Ersatzteillieferungen oder 24-Stunden-Service gesichert.

Gute Serviceleistungen werden honoriert. Das zeigt sich in den Preisen, die der Kunde akzeptiert. Nach Angaben des Verbandes Deutscher Maschinen- und Anlagenbau (VDMA) erbringt der Service rund 10 Prozent der Umsätze, aber durchschnittlich 15 Prozent der Gewinne.

Zudem beeinflußt die Qualität der erbrachten Serviceleistungen die Kaufentscheidung der Kunden nachhaltig. Ein Branchenvertreter aus dem Maschinenbau bringt es auf den Punkt, indem er das Motto der Zukunft formuliert: „Die Maschine ist das Vehikel, der Service das Produkt", das eigentlich verkauft wird.

Nachdrücklicher stellt eine Untersuchung der weltweit operierenden Unternehmensberatung McKinsey in den USA die Potentiale des Service dar. Die analysierten Unternehmen erwirtschafteten durchschnittlich 10 – 20 Prozent ihres Umsatzes aus dem Servicegeschäft. Der Gesamt-Deckungsbeitrag lag im Gegensatz dazu bei bis zu 67 Prozent. Ebenso deutlich wird das Servicepotential, betrachtet man es über einen gegebenen Produktlebenszyklus. Der Service kann insbesondere im Maschinen- und Anlagengeschäft während der Nutzungszeit mindestens dreimal soviel Umsatz generieren wie der ursprüngliche Erstkauf.

Tatsächlich beschäftigen sich jedoch heute Unternehmen in der Regel nur oberflächlich mit den Servicebedürfnissen Ihrer Kunden. Sorgfältige Ersatzteilkalkulation, am Kundennutzen orientierte, differenzierte Service-Preise, regelmäßige Upgrade-Angebote oder zielgruppenspezifische Wartungsverträge können bei vielen Herstellern neue Umsatz- und Erlös-Chancen eröffnen.

Service-Basisstudie in der deutschen Industrie

Wie sieht die Service-Situation in Deutschland im einzelnen aus? Was kennzeichnet Unternehmen, die sich ausdrücklich dem Dienst am Kunden verschrieben haben? Sind diese Service-Vorreiter tatsächlich auch erfolgreicher am Markt? Die IMMA GmbH führte 1993 eine Service-Basisstudie in Deutschland durch mit dem Ziel, diese Fragen näher zu beleuchten und daraus konkrete Handlungsempfehlungen ableiten zu können.

Die Ergebnisse im Überblick lauten:

- Die Steigerung der Professionalität im Service wirkt sich deutlich positiv auf den Geschäftserfolg von Industrieunternehmen aus.

- Service ist ein eigenständiger Markt, in dem Wettbewerb, Kundenerwartungen und Dynamik häufig klarer abgrenzbar sind als zunächst vermutet.

- Der Bedarf an Serviceleistungen besitzt ein nahezu unerschöpfliches Wachstum.

- Der klassische Kundendienst wird diversifiziert. Erfolgreiche Unternehmen suchen nach immer neuen Aktivitäten in eng verwandten Servicefeldern.

- Serviceleistungen verbreitern als „neues" Produkt des Unternehmens das Produktprogramm.

- Das größte Verbesserungspotential liegt in der professionellen Vermarktung des Service.

- Der Trend zum Service-Profit Center tritt klar hervor. Dienstleistungs- und Produktgeschäft werden deutlicher voneinander getrennt.

- Der Service wird zum integrativen Bestandteil der Marketingstrategie. Kundenzufriedenheit und damit einhergehend Marketing-Effizienz sind ohne optimalen Service nicht mehr möglich.

Diese Erkenntnisse sind branchenübergreifend gültig. In den befragten Unternehmen sind viele Potentiale latent bereits vorhanden und können in der Regel kurzfristig und ohne hohe Investitionen entwickelt werden.

So wehrte der Service-Manager eines führenden deutschen Anbieters der Landtechnik erschrocken ab, als er nach Preisen und

Konditionen für die von ihm erbrachten Dienstleistungen gefragt wurde. Der Landmaschinenkunde sei auf schnellen und zuverlässigen Kundendienst während der Erntezeit angewiesen. Dieser könne nur kostenlos erbracht werden. Nach differenzierter Betrachtung des gesamten Angebots und des tatsächlichen Kundennutzen bzw. der Kundenerwartungen werden heute große Teile der Leistung erfolgreich fakturiert.

Branchenfocus und Servicebegriff

Insgesamt sind die Ergebnisse von 135 Interviews in die Studie eingeflossen. Vertreten war der deutsche Maschinenbau, die Elektrotechnik/Elektronik, Unternehmen aus der Datenverarbeitung- und Büromaschinenbranche, der Feinmechanik, Optik und dem Fahrzeugbau. Traditionell sind diese Branchen eher produktorientiert.

78 Prozent aller befragten Manager brachten klar zum Ausdruck, daß der Service bereits vor dem Kauf aktiv wird. Das heißt, unter Service versteht die Industrie nicht alleine den (technischen) Kundendienst. Vom Service wird heute ein wesentlich breiteres Dienstleistungsbündel erwartet, beispielsweise Wirtschaftlichkeitsstudien, Gesamtplanung einer Anlage, Projektmanagement, Finanzierung, Transport, Beratung, Schulung, Inbetriebnahme. Der Service wird so zum Ratgeber für den Kunden. Er leistet zuverlässige Hilfestellungen auch im Vorfeld wichtiger Entscheidungen, z.b. dem Kauf eines Produktes bzw. einer Anlage. Die Grenzen zwischen der eigentlichen Vertriebsleistung und dem angebotenen Service-Leistungsbündel sind heute fließend.

Vermarktungspotentiale

Drei Viertel der befragten Unternehmen haben ihre Kundenorientierung bzw. ihr Dienstleistungsbewußtsein im Unternehmen schriftlich verankert, sei es im Unternehmensleitbild oder in den Geschäftsplänen. Öffentlich als Werbebotschaft werden diese Grundsätze und Leistungsgarantien jedoch selten kundgetan.

Beispiele wie

„Nichts ist unmöglich" (Toyota) oder
„Garantie für Kundenzufriedenheit" (Rank Xerox)

sind noch die Ausnahme. Hier sind die klassischen Dienstleistungsunternehmen weit voraus in der Art und Weise der Marktbearbeitung:

„Gut ist uns nicht gut genug" (Hertie)
„We try harder" (Avis)
„Wir wollen den besten Service der Branche leisten"(Hertz)
„Nicht die Größe einer Bank ist entscheidend, sondern ihre Fähigkeit, auf jeden einzelnen einzugehen"... (Deutsche Bank)
„As save as taking it there yourself" (UPS)

Überhaupt verschenken viele Unternehmen enorme Geschäftspotentiale durch die unzureichende Vermarktung ihrer Serviceleistungen. Noch konzentrieren sich die Marketing-Strategen auf der Suche nach neuen Umsatzchancen auf die Entwicklung neuer Märkte und neuer Produkte. Dabei liegt ein ganz wesentliches Geschäftspotential bereits im eigenen Unternehmen bereit: im Service. Serviceleistungen sind ausgesprochen profitabel, die Nachfrage nach ihnen ist stabil und im voraus zuverlässig zu bestimmen.

Darüber hinaus besitzt das eigene Unternehmen mit seinen Serviceleistungen naturgemäß einen dominierenden Marktanteil. Das Know-how über die eigenen Erzeugnisse und den Kunden ist eine wirksame Eintrittsbarriere für Seiteneinsteiger, ein bedeutender Wettbewerbsvorteil, der gemanagt werden will wie jedes andere Geschäft auch. Ohne Marketing ist das nicht möglich.

Insgesamt formulierten 43 Prozent der befragten Unternehmen ein Service-Marketingkonzept. Etwa die Hälfte aller Befragten kommunizieren ihre Service-orientierung im Rahmen ihrer Werbe- oder PR-Aktivitäten. So ist die professionelle Vermarktung der Serviceleistung das größte Verbesserungspotential.

Als nahezu ebenso maßgeblich erscheint die genaue Erfassung der spezifischen Kundenerwartungen. Denn die Qualität von Dienstleistungen wird wesentlich durch den Kunden beurteilt. Der Informationsrückfluß vom Kunden wird zum Wettbewerbsvorteil, das haben alle die Unternehmen erkannt, die heute intensiv an praktikablen Lösungen für sogenannte Service-Panels oder Service-Kundenbarometern arbeiten. Die Erfüllung der Kundenerwartungen rechtfertigt höhere Servicepreise, ein wichtiger Aspekt insbesondere vor dem Hintergrund, daß Servicemärkte heute noch weniger preisreagibel sind als Produktmärkte.

Wie aber wirkt sich nun eine bessere Serviceorientierung aus? Können Unternehmen, die neben qualitativ hochwertigen Produkten auch professionelle, am Kundennutzen orientierte Serviceleistungen anbieten, ihre weniger dienstorientierten Wettbewerber hinter sich lassen?

Bereits 1985 konnte das 'Strategic Planning Institute' in den USA konstatieren, daß hohe Dienstleistungsqualität höhere Preise garantiert, zu schnellerem Wachstum führt und höhere Gewinne ermöglicht.

Exzellenter Service – höherer Geschäftserfolg?

Treffen diese Aussagen auch auf die deutsche Industrie zu? Welche positiven Wirkungen kann eine Unternehmensleitung in Deutschland heute vom Service erwarten?

Nach Auswertung aller erhobenen Daten wird eines deutlich: die deutsche Industrie stellt in puncto Dienst am Kunden noch eine Drei-Klassen-Gesellschaft dar. Ein Fünftel aller analysierten Unternehmen präsentierten sich als Service-Vorreiter, etwa ebenso viele Unternehmen mußten als klare Service-Nachzügler eingestuft werden mit enormen, noch nicht erkannten Potentialen im Dienstleistungsbereich.

Bleibt noch die Frage nach dem Geschäftserfolg. Von den befragten Managern zu bewerten waren:

■ das Unternehmenswachstum,

■ der Marktanteil,

■ das realisierbare Preisniveau jeweils im Vergleich zum Branchendurchschnitt und

■ die Absatzchancen für das eigene Produktprogramm im laufenden Geschäftsjahr.

Die Ergebnisse sprechen eine eindeutige Sprache: Der Service-Vorreiter erreicht im Mittelwert eine um 12 Prozent höhere Punktzahl bei der Bewertung seines Geschäftserfolges als der Service-Nachzügler.

Insbesondere die eigene Einschätzung der Service-Vorreiter zum Marktanteil im Vergleich zum Branchendurchschnitt (+ 15 Pro-

Der Geschäftserfolg – Die Meßlatte für den Service

Kennzeichen des Geschäftserfolgs eines Unternehmens:	Die Service-Vorreiter:
1. Das **Umsatzwachstum** des Unternehmens im Vergleich zum Branchendurchschnitt	+ 8%
2. Der **Marktanteil** des Unternehmens im Vergleich zum Branchendurchschnitt	+ 15%
3. Das realisierbare **Preisniveau** des Unternehmens im Vergleich zum Branchendurchschnitt	+ 10%
4. Die **Absatzchancen** für das eigene Produktprogramm im laufenden Geschäftsjahr	+ 15%

Auf den Versuch, den Geschäftserfolg eines Unternehmens objektiv zu erheben, wurde bewußt verzichtet. Die Service-Manager wurden nach ihrer subjektiven Einschätzung gefragt. Die zu bewertenden Faktoren waren: das Unternehmenswachstum, der Marktanteil, das Preisniveau sowie die Absatzchancen 1993.

Geschäftserfolg durch Serviceorientierung

Der Service-Vorreiter

Der Service-Mitläufer

Der Service-Nachzügler

+12%

Geschäftserfolg gesamt

2.0 2.5 3.0 3.5 4.0

Variablenausprägungen Umsatzwachstum, Marktanteil, Preisniveau:
1 = stark unter 10% im Vergleich zum Branchendurchschnitt
4 = stark über 10% im Vergleich zum Branchendurchschnitt

Variablenausprägungen Absatzchancen:
1 = kritisch
4 = sehr gut

Der Service-Vorreiter erreicht im Mittelwert eine um etwa 12 Prozent höhere Punktzahl bei der Bewertung seines Geschäftserfolges als der Service-Nachzügler. Die vom Service-Manager subjektiv zu bewertenden Erfolgsfaktoren waren: das Unternehmenswachstum, der Marktanteil, das realisierbare Preisniveau sowie die eigenen Absatzchancen.

zent) und zu den Absatzchancen im laufenden Geschäftsjahr (+ 15 Prozent) liegt deutlich über der Einschätzung der Firmen, die am Markt mit einer unterdurchschnittlichen Serviceleistung antreten.

Sicher lassen sich branchen- und auch unternehmensspezifische Gründe im Einzelfall als Erklärung für derartige Ergebnisse anbringen. Die Liste der Entschuldigungen für Versäumnisse ist groß. Skeptiker sollten jedoch bedenken, daß die hier definierten Service-Vorreiter ihre hervorragende Serviceposition durchweg aus einer extremen Orientierung am Kundennutzen schöpfen.

Die Erfolgsfaktoren der Service-Vorreiter

Die Pfeiler des größeren Geschäftserfolgs sind das Streben nach ständiger Verbesserung im Dienst am Kunden, eine kundennahe Organisation und professionelles Service-Marketing:

■ Service-Vorreiter erkennen noch große Potentiale in einer effizienten Nutzung vorhandener Kundendaten. Nur 17 Prozent glauben, ihre Kundendatei nicht besser nutzen zu können.

■ Die ständige Suche nach Verbesserungspotentialen kennzeichnet ihr Handeln. 58 Prozent genügt ihr heutiges Servicesystem trotz bereits hoher Standards noch nicht.

■ Die größere Serviceorientierung wurde organisatorisch umgesetzt. 83 Prozent der Service-Manager berichten direkt an die Geschäftsführung bzw. den Vorstand.

■ Nahezu alle Service-Vorreiter kommunizieren ihre Servicequalität durch Werbung und PR-Maßnahmen. Zwei Drittel machen zudem Gebrauch von Direktmarketing-Instrumenten.

■ Ein wirksames Kennzahlensystem unterstützt nahezu alle Service-Vorreiter, möglichst frühzeitig Schwachstellen zu erkennen und Prioritäten bei der Serviceverbesserung festzulegen. Der Einsatz einer Service-Management-Software ist hier nicht mehr wegzudenken.

■ Service-Wirtschaftlichkeit ist heute für die Service-Vorreiter das zentrale Thema auf dem Weg zum Geschäftserfolg. Die Zeit der Kostenlos-Leistungen ist vorbei. Die weitere Verbesserung der Servicequalität wird nicht gleichgesetzt mit Kostensteigerungen. Auch kostensparende Vereinfachungen von Serviceprozessen können aus Kundensicht qualitätssteigernd wirken.

■ Service-Vorreitern ist klar, daß die Bedeutung des Service im Unternehmen und für das Unternehmen zunimmt. Diese Tatsache wirkt sich eindeutig positiv auch auf die Qualitätsbemühungen der Firma aus, wie sämtliche Service-Manager feststellen. Die Service-Nachzügler liegen mit dieser Erkenntnis deutlich zurück. Service als Instrument im Wettbewerb bietet gerade für sie noch große nicht realisierte (und bisher scheinbar noch nicht erkannte) Erfolgspotentiale.

Marketing-Effizienz und Service

Exzellenter Service also als ein Weg zu höheren Marktanteilen und größeren Absatzchancen auch in schwierigen Zeiten? Die Tendenz ist eindeutig. Heißt das gleichzeitig auch, daß der Dienst am Kunden die Marketing-Effizienz fördert und sichert?

Marketing soll hier definiert werden als der Umgang mit Märkten, das heißt, mit den bestehenden und potentiellen Kunden eines Unternehmens. Die Aufgabe ist es, zur Bedürfnisbefriedigung bzw. Nutzenstiftung der Kunden beizutragen. Marketing ist effizient, wenn seine Maßnahmen am Markt wirksam sind. Nur dann tragen sie zur Befriedigung der Kunden bei. Anhand einiger Beispiele soll dokumentiert werden, warum der Dienst am Kunden diesen Prozeß fördert.

Der Informationsvorteil

Der Service eines Unternehmens ist eine Quelle vielfältigster Informationen über Nutzungsmöglichkeit und Anwendungsbreite der eigenen Produkte, über Kundenbedürfnisse und mögliche Folgeaufträge. Dienst am Kunden heißt, das gelieferte Produkt in seinem Nutzen für den Kunden zu stabilisieren oder zu optimieren. Ein Hersteller, der nur sein Produkt verkauft, ohne später durch Pflege des Produktes den Kundenkontakt weiter zu intensivieren, verliert seinen wesentlichen Hebel bei zukünftigen Investitionen des Kunden.

■ Er verliert Marktinformationen, denn er hat keinen Zugang zu wichtigen Anwendungsveränderungen.

■ Er verliert Produktinformationen, die die Qualität der eigenen Produkte beeinflussen können.

■ Er verliert unter Umständen den persönlichen Kontakt zum Kunden. Der ständige Verkauf von Dienstleistungen, die die Leistungsfähigkeit der Produkte erhalten oder auch steigern sind ein Hauptargument, wenn es um die weitere Kaufentscheidung geht.

Viele Unternehmen sind heute deshalb erfolgreich, weil sie ihre Kunden besser kennen. Effizientes Marketing ist ohne tiefe Kenntnis der Kundenbedürfnisse nicht möglich. So werden Kundenclubs gegründet, Expertengespräche geführt, Umfragen durchgeführt und Kunden beim Kauf oder der Handhabung von Produkten beobachtet. Im Ergebnis erhalten Marketing Manager genau die Informationen, die sie über ihren Service ohnehin bereits wissen sollten. Über die Vielzahl der Servicekontakte bieten sich Gelegenheiten, den Kunden zu fragen, wie zufrieden er ist, was fehlt bzw. auch welche Leistung verbessert werden sollte.

Das Beschwerdenmanagement ist eine besondere Informationsquelle und ein wichtiges Marketinginstrument. So befragt Daimler Benz seine Servicekunden mit einer kleinen Postkarte: „Ihre Meinung interessiert uns!" Reklamationsbestätigungen kann ein

Fragebogen beigelegt werden. VW ging sogar noch einen Schritt weiter: Kundenbefragungen im Service und die externe Marktforschung ergaben:

■ nur einer von 26 Kunden, die eine Beschwerde haben, trägt diese vor,

■ unzufriedene Kunden vermitteln ihre Erfahrung durchschnittlich an neun bis zehn weitere Personen,

■ 13 Prozent kommunizieren Sie an mehr als 20 Personen.

Umgekehrt gilt:

■ jede gelöste Beschwerde wird fünf weiteren Personen mitgeteilt,

■ 54 bis 70 Prozent zufriedengestellte Beschwerdenführer werden zu Dauerkunden,

■ bei schneller Reaktion steigt dieser Anteil auf 95 Prozent.

Auf diese Art und Weise konnte VW mögliche Auswirkungen des Service auf die Kundentreue messen. Aus dem potentiellen Lebensumsatz (der Wert eines Kunden) konnte im nächsten Schritt leicht der Umsatzverlust aus der Abwanderung unzufriedener Kunden errechnet werden und die Notwendigkeit von Serviceinvestitionen wirtschaftlich begründet werden.

Der Wert der durch den Service gewonnenen Kundeninformationen geht aber noch darüber hinaus. Sie stellen die entscheidende Markteintrittsbarriere für neue Wettbewerber dar. Denn hohe Profite im Service locken Seiteneinsteiger an.

■ Wo sind die Maschinen installiert, welcher Kunde wendet welche Produkte an?

■ Für welche Aufgaben werden Produkte oder Maschinen eingesetzt?

■ Welche technischen Spezifikationen liegen vor?

■ Welche Ersatzteile oder Modifikationen am Gerät können vorliegende oder mögliche Kundendienst-Probleme am besten beheben?

Diese und ähnliche Fragen beantwortet der Service. Je besser der Kundenstamm gepflegt wird, desto besser kennen Unternehmen jeden einzelnen Kunden. So kennt ein führender Berliner Aufzügehersteller genau das betreffende Gebäude, den installierten Aufzugtyp und seine Servicegeschichte. Mit Hilfe dieser detaillierten Informationen kann ein kundenindividueller Serviceplan erstellt werden. So werden nicht einfach Aufzüge verkauft und installiert. Der interne Transportbedarf eines Gebäudebetreibers wird individuell unterstützt.

Die bereits installierten Anlagen und Maschinen, die bereits verkauften Produkte sind ein wertvoller Aktivposten gerade auf den heute immer enger werdenden Märkten. Diese Aktivposten dürfen nicht „abgeschrieben" werden, sondern müssen „werterhöhend" bzw. „werterhaltend" gepflegt werden.

Service ist Verkaufsberatung

Der Einfluß des Service auf das Vertriebsgeschäft ist nicht mehr wegzudiskutieren. Der Slogan *„Die erste Maschine verkauft der Vertrieb, jede weitere der Kundendienst"* hat seine Berechtigung nicht nur im Maschinenbau, wie das Beispiel Beschwerdenmanagement bei VW zeigt. Zudem wird die Serviceleistung zunehmend auch als Verkaufsargument des Vertriebs genutzt. Eine enge Koordination der Aktivitäten ist daher erforderlich. Vertrieb und Marketing muß verdeutlicht werden, daß Serviceleistungen nicht verschenkt werden dürfen, sondern ein ausgesprochen wertvoller Umsatz- und Ergebnisträger sind. Häufig ist der Service sogar der Bereich mit den meisten Kundenkontakten im Unternehmen.

Die Firma ANACOMP, ein weltweit führendes Unternehmen auf dem mikrographischen Sektor, hat sich dieser Situation kreativangenommen. Die Aufgabe war, die Absatzchancen für eine erweiterte Produktpalette bei den bestehenden Kunden auszubauen. Mit einem ausgefeilten Motivations- und Kommunikationssystem sollten insbesondere die guten Kontakte des Kundendienstes genutzt werden, um die Geschäftsbeziehungen auf das erweiterte Sortiment auszubauen. Heute sendet der Servicemitarbeiter über ein PC-gestütztes Feedback-System neben den Standard-Reports vielfältige vertriebsrelevante Informationen und „Verkaufstips". An den daraus resultierenden Verkäufen partizipiert der Service direkt.

Durch solche oder ähnliche Maßnahmen wird die Sensibilität für Kaufsignale erheblich erhöht. Der Kunde wird gezielter auf seine latenten Bedürfnisse angesprochen. Die Zusammenarbeit von Vertrieb und Service wird nachhaltig gestärkt. Der Service legt sein passiv reagierendes Verhalten ab und wird zum aktiven Partner des Kunden auf der einen Seite und des Vertriebs auf der anderen Seite. Er wird zu einem entscheidenden Kommunikator, der auf der einen Seite den Nutzen der gelieferten Produkte für den Kunden verbessern kann und andererseits den bevorzugten Eintritt bei Neugeschäften für den Vertrieb ermöglicht.

Das Geschäft mit Serviceverträgen

Selbstverständlich endet die Marketingaufgabe des Service nicht in der Beratung von Kunden bzw. Initiierung von Aufträgen für den Vertrieb. Es wurde bereits darauf hingewiesen, daß die größte Herausforderung für den Service-Manager die erfolgreiche Vermarktung der selbsterstellten Dienstleistungen ist. So sind Serviceverträge ein seit langer Zeit gängiges und weiter wachsendes Instrument zur Vermarktung von Dienstleistungen in Branchen technischer Produkte.

Im Rahmen der IMMA-Studie bieten 65 Prozent der befragten Unternehmen Serviceverträge an. Ihr Anteil am Servicegeschäft liegt zwischen 20 und 60 Prozent, Tendenz wachsend insbesondere in Branchen mit noch unterdurchschnittlichem Servicegeschäft (Elektrotechnik/Elektronik und Maschinenbau).

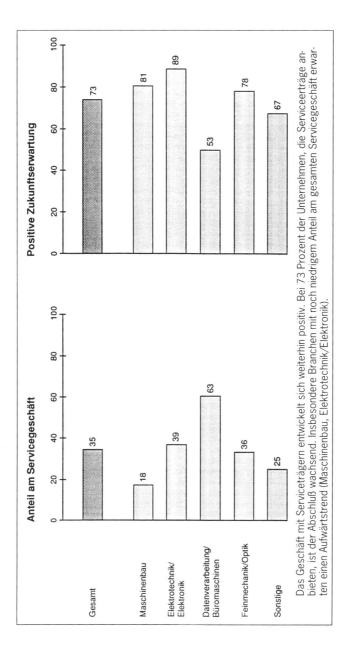

Das Geschäft mit Serviceträgern entwickelt sich weiterhin positiv. Bei 73 Prozent der Unternehmen, die Serviceerträge anbieten, ist der Abschluß wachsend. Insbesondere Branchen mit noch niedrigem Anteil am gesamten Servicegeschäft erwarten einen Aufwärtstrend (Maschinenbau, Elektrotechnik/Elektronik).

Für die erfolgreiche Vermarktung von Serviceverträgen ist Marketing-Know-how zwingend erforderlich. Von der Markt- und Wettbewerbsanalyse über die Segmentierung des Marktes nach Kundenbedürfnissen und der kundenorientierten Preispolitik bis hin zur Kommunikation und zum aktiven Verkauf der Leistungen reicht die Spanne der erforderlichen Managementfähigkeiten.

Je nach Produkt und Anwendungsfall sind standardisierte Servicepakete sinnvoll. ADS ANKER bietet für seine Abrechnungs- und Datenkassen-Systeme Hardware- und Software-Betreuungs- und Sicherheitspakete an, die sich unterscheiden nach

■ *Full-Service:*
Vor-Ort-Service, garantierte Wartung, Instandsetzung und ständige Verfügbarkeit der Geräte, kürzeste Antrittszeit.

■ *Depot-Service:*
Garantierte Wartung und Instandsetzung in einem mit dem Kunden vereinbarten Depot.

■ *Bring In-Service:*
Garantierte Wartung und Instandhaltung im ADS ANKER Service-Stützpunkt.

■ *Software-Service:*
Ständige Betreuung der Software vor Ort gepaart mit telefonischer Beratung.

■ *Online-Service:*
Betreuung der Software über Direktleitung mittels Ferndiagnose und Fernwartung

■ *Hotline:*
Telefonische Sofort-Betreuung

Kundenbindung statt Kundenfindung

Der Service-Wartungsvertrag ist eine lukrative Einnahmequelle für den Service. Auch das Ersatzteilgeschäft trägt in der Regel deutlich zum Serviceumsatz und -ertrag bei. Einen Schritt weiter geht ein international renommierter Hersteller der Medizintechnik. Neben der technischen Betreuung der medizintechnischen Produkte unterschiedlicher Geschäftsbereiche vertreibt der Service Health Care-Produkte als Handelsware direkt an seine Kunden. Anstoß dazu gaben die regelmäßigen Kundenkontakte der Servicetechniker, in denen die latent vorhandenen Kundenbedürfnisse aufgespürt werden konnten. Der Service gewinnt ein weiteres, ertragsstarkes Geschäftsfeld „Handelswaren". Der Kundennutzen aus der Geschäftsbeziehung wird erhöht und die Kundenbindung steigt.

Die Kundenbindung ist der Schlüssel zum Geschäftserfolg in Zeiten, in denen es rund fünf- bis siebenmal teurer ist neue Kunden zu gewinnen, als die vorhandenen zu halten.

Eine Kundenbindung ganz anderer Art schafft der neue ISDN-Info Tip, den die Mitglieder des Fachverbandes Unterhaltungselektronik des ZVEI ihren Fachbetrieben anbieten. Der ISDN-Info Tip liefert Produktinformationen, gibt Service-Reparaturtips, hält Ersatzteillisten bereit, wickelt Ersatzteilbestellungen ab, liefert Produkttypenübersichten und andere Leistungen. So kann beispielsweise die Philips GmbH ihren Service im Bereich Unterhaltungselektronik deutlich attraktiver ausloben:

■ Informationen rund um die Uhr!

■ Keine Wartezeiten am Telefon!

■ Ersatzteilbestellung 24 Stunden am Tag!

■ Produktinformationen und Reparaturtips auf Tastendruck – wenn Sie wollen sogar mitten in der Nacht!

■ Keine Schrankwände voller Fachliteratur mehr!

Einflußnahme auf die Produktgestaltung

Ein Aspekt darf schließlich in der Diskussion um Marketing-Effizienz und Service nicht fehlen, der Einfluß des Service auf die Produktgestaltung und Produktentwicklung. Dieser erstreckt sich insbesondere auf die Schaffung produkttechnischer Voraussetzungen, die die Zuverlässigkeit und kostengünstige, schnelle Instandhaltung sicherstellen können. So kann ein vorausschauendes Produktdesign den benötigten Aufwand an Wartungsleistungen beim Anwender reduzieren. Kleinkopierer arbeiten aus diesem Grunde schon seit langem mit auswechselbaren Toner-Kartuschen, die den Wartungsaufwand erheblich reduzieren. Professionelle Kopiermaschinen werden so konzipiert, daß sich der Anwender an eine zentrale Diagnosestelle anschließen kann, um über Ferndiagnose und auch Fernwartung Hilfestellung zu erhalten. Automobilhersteller schaffen für ihre Autos Service-Schnittstellen, um bei Inspektionen einen Großteil der Diagnosen computergesteuert durchführen zu können.

Entscheidungen zur Produktgestaltung sind folglich im Verbund zwischen Produkt- und Serviceverantwortlichen zu fällen. In ein Produktinnovations-Team sollten von Anfang an qualifizierte, kundenerfahrene Service-Mitarbeiter mit Sitz und Stimme eingebunden werden. Die Aufgabe besteht darin, die Produkte so zu konzipieren, daß sie nicht reparaturanfällig sind bzw. im Falle eines Versagens der Serviceaufwand minimal ist.

Fazit

Produzierende Unternehmen in Deutschland beginnen erst langsam, sich die Umsatz- und Ertragspotentiale bewußt zu machen, die im Dienstleistungsgeschäft mit ihren Kunden liegen. Der Professionalisierung des Servicebereichs wird leider noch nicht die notwendige Priorität zuteil, obwohl die in jedem Unternehmen latent verborgenen Potentiale in der Regel kurzfristig und ohne hohe Investitionen entwickelt werden können.

Marketing-Effizienz ist insbesondere für technische Produkte ohne Berücksichtigung des Service nicht mehr möglich. Die Bedeutung des Service für den Geschäftserfolg wächst in dem Maße, in dem Kundenbindung wichtiger wird als Kundenfindung. Der Service ist ein wichtiger Kommunikator zwischen Hersteller und Kunde. In dieser Rolle übernimmt er eine wichtige Rolle im Rahmen der Marketing-Strategie.

Literatur:

Bunk, B. (1993):
Retention Marketing. Das Geschäft mit dem Ärger, in: absatzwirtschaft 09/1993, S. 65 – 69
Davidow, W.H./Uttal, B. (1990):
So wird Ihr Kundendienst unschlagbar, in: Harvard Manager, 02/1990, S. 14 – 21
Ernst, K.-W. (1993):
Mein Kunde, seine Situation, unser Geschäft; Skizzen von der VIT '93, in: absatzwirtschaft 11/1993, S. 126 – 129
Hofemann, M. (1994):
Aus der Krise lernen, Leitartikel der FAZ vom 11.01.1994
Knecht, T./Leszinski, R./Weber, F.A. (1993):
Making profits after the sale, in: The McKinsey Quarterly, Winter 1993, S. 79 – 86
Kotler P./Bliemel, F. (1992):
Marketing-Management, 7. Auflage, Stuttgart 1992
Läbe, S.M. (1993):
Neue Anforderungen an den klassischen Kundendienst, in: Blick durch die Wirtschaft vom 15.10.1993
Läbe, S.M./Stolpmann, F.N. (1993):
Dienst am Kunden total? in: absatzwirtschaft Sonderausgabe 10/1993, S. 22 – 34
Läbe, S.M./Stolpmann, F.N. (1994):
Die Serviceorientierung der Deutschen Industrie. Bewertung der Chancen zur Steigerung des Geschäftserfolgs durch exzellenten Service. IMMA-Servicestudie 1993, Berlin-Mnnchen 1994 (als Studienreport vervielfältigt)

N.N. (1991):
Kundendienst aus einem Guß, Hrsg.: Verein Deutscher Ingenieure (VDI), Düsseldorf 1991

Simon, H. (1991):
Industrielle Dienstleistung und Wettbewerbsstrategie, Working Paper 04-91 des Lehrstuhls für Betriebswirtschaftslehre und Marketing, Johannes Guteüberg Universität Mainz, Mainz 1991

Stauss, B. (1993):
Total Quality Management im industriellen Service. Diskussionsbeiträge der Wirtschaftswissenschaftlichen Fakultät Ingolstadt, Ingolstadt (1993)

Electronic Commerce – Effiziente Gestaltung von Geschäftsabläufen

Meinolf Tegethoff

Meinolf Tegethoff studierte Mathematik in Dortmund. Seit dem 1.1.1979 ist er für GE Information Services als Vertriebsrepräsentant und Kundenberater, als Geschäftsleiter für Großprojekte und als Leiter der Projektorganisation tätig gewesen. Seit 1989 ist er Mitglied der Geschäftsleitung für die Ressorts Support, Vertrieb und Marketing.

■ *Bei der Neugestaltung der Geschäftsprozesse bietet die elektronische Kommunikation die Möglichkeit, die Geschäftsbeziehungen effizienter zu gestalten und zu intensivieren.*

■ *Die Technologie dazu ist ausgereift und die nötige Infra-Struktur vorhanden.*

■ *Electronic Commerce Services können die Abwicklung entsprechender Aufgabenstellungen stark beschleunigen. Insbesondere hilft das Clearing-Verfahren, die organisatorische Komplexität auf ein Mindestmaß zu reduzieren.*

■ *Electronic Commerce wird in den nächsten Jahren stark zunehmen, es bleibt nicht mehr viel Zeit, sich durch Electronic Commerce zu differenzieren.*

Angesichts immer schwieriger Rahmenbedingungen durchlaufen heute nahezu alle Unternehmen grundlegende strukturelle Änderungen. Man hat erkannt, daß Erfolg und damit Sicherheit für das eigene Unternehmen nicht mehr durch statische Eigenschaften wie Größe, Reputation oder Technologisierungsgrad erzielt werden, wie die Krisen namhafter Unternehmen etwa in der Automobil- oder Computerindustrie deutlich machen. Vielmehr kommt es heute darauf an, sich durch dynamische Eigenschaften wie Schnelligkeit, Flexibilität, engagierte Ausrichtung auf den Kunden und permanentes Streben nach Produktivitätsverbesserungen auszuzeichnen.

Um diese Dynamik in der notwendigen Ausprägung erzielen zu können, kann ein Unternehmen sich nicht isoliert betrachten. Es ist eingebunden in eine Vielzahl von Beziehungen innerhalb seines Geschäftsumfeldes. Diesen Beziehungen zu Kunden, Lieferanten, Speditionen, Banken, Versicherungen, Behörden, Händlern, Kooperationspartnern usw. muß ein Unternehmen höchste Aufmerksamkeit widmen. Die Neugestaltung der Geschäftsprozesse kann nur dann durchschlagenden Erfolg haben, wenn die Prozesse durchgängig betrachtet werden, wenn ihre Gestaltung nicht an der Unternehmensgrenze aufhört. Hier liegt der Schlüssel zum Erfolg und eine große Chance für das Marketing. Durch Einsatz elektronischer Medien für die Gestaltung der Abläufe zwischen Unternehmen können entscheidende Wettbewerbsvorteile erzielt werden.

Die Beziehung Kunde/Lieferant

In vielen Branchen wird die durchgängige Gestaltung von Auftragsabwicklungsprozessen bereits durch elektronischen Dokumentenaustausch unterstützt. Als Beispiel sei hier die Elektronikbranche erwähnt, wo die großen Hersteller wie Siemens oder HP ihre Bauteile bei den Lieferanten in zunehmendem Maße über elektronischen Datenaustausch (EDI) bestellen. Die daraus resultierenden Transaktionen wie Bestellbestätigung, Lieferankündigung, Lieferschein, Rechnung und Zahlungsanweisung werden ebenso elektronisch abgewickelt.

Die Vorteile liegen klar auf der Hand: Für Hersteller des Endproduktes bedeutet das eine enorme Vereinfachung und Beschleunigung des Auftragsabwicklungsprozesses. Seine Kunden können schneller und zuverlässiger bedient werden, damit steigen automatisch Kundenzufriedenheit und Absatz. Die Kosten können entscheidend reduziert werden, da personalintensive und damit fehleranfällige Tätigkeiten wie Dokumentenerfassung, Datenabgleich und Postversand durch elektronische Übermittlung der Daten und direkte Weiterverarbeitung ersetzt werden. Die Fehlerhäufigkeit geht gegen Null, zeitraubende Recherchen und Reklamationen nehmen rapide ab.

Auf der Lieferantenseite zeigen sich ebenfalls erhebliche Vorteile: Der „EDI-fähige" Lieferant hat erhebliche Vorteile gegenüber dem Wettbewerber, der noch per Brief kommuniziert. Er kann wesentlich schneller den Auftrag bestätigen, Personalaufwand in der Auftragsbearbeitung reduzieren und sich stattdessen mehr der persönlichen Betreuung seines Kunden widmen. Die Folge ist, daß er als zuverlässiger Partner gilt, mit dem man gut Geschäfte machen kann. Er hat seinen festen Platz auf der Lieferantenliste und bekommt automatisiert seine Aufträge. Damit festigt EDI die Beziehung Kunde/Lieferant. Die zuvor beschriebene Beziehung wird in ähnlicher Form bereits intensiv

■ in der Konsumgüterindustrie zwischen Handel und Herstellern,

■ in der pharmazeutischen Industrie zwischen Herstellern und Großhandel und

■ in der Automobilindustrie zwischen Herstellern und Lieferanten abgewickelt.

Einsatz von Clearing Centern

Während der elektronische Datenaustausch an sich schon erhebliche Vorteile mit sich bringt, kann durch den Einsatz von Clearing Centern noch erheblich mehr an Effizienz gewonnen werden. Das Grundprinzip ist einfach, an die Stelle vieler bilateraler Kommunikationsbeziehungen zwischen Geschäftspartnern tritt die Kommunikation über eine zentrale Clearingstelle. Die Aufwandsreduktion ist enorm:

■ Jeder Teilnehmer hat nur einmal eine technische Verbindung zum Clearing Center herzustellen. Im bilateralen Falle wäre eine Vielzahl von technischen Absprachen über zu verwendende Protokolle und Geschwindigkeiten durchzuführen.

■ Im täglichen Betrieb kann jeder Teilnehmer zu den Zeitpunkten, die in seinen organisatorischen Ablauf passen, den Dokumentenaustausch für alle seine Partner vornehmen. Im bilateralen Falle hätte er mit jedem Partner Absprachen über den zeitlichen Ablauf zu treffen.

Um einen Eindruck der zu erzielenden Aufwandsreduktion zu geben: Selbst bei der Kommunikation mit nicht allzu vielen Teilnehmern, etwa zwischen 20 Pharma-Großhandelsunternehmen und 150 Phama-Produzenten bei PHOENIX (siehe unten) stehen

20 * 150 = 3000

bilateralen Kommunikationsbeziehungen

20 + 150 = 170

Kommunikationsbeziehungen bei Einsatz eines Clearing Centers gegenüber.

Solche Clearing Center werden von einigen Service-Unternehmen angeboten, in Deutschland etwa von GE Information Services, einem internationalen DV-Dienstleistungsunternehmen des

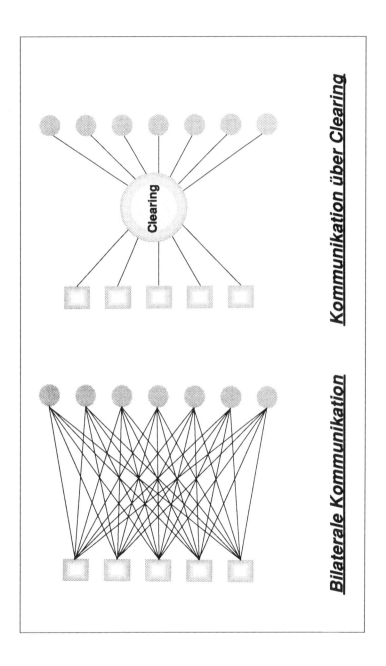

amerikanischen General Electric Konzerns, von der IBM und der Telekom.

Struktur eines Clearing Service

Grundlage für die Kommunikations-Dienstleistungen ist zunächst einmal ein weltumspannendes Datennetz, das die gängigen Zugangs-Verfahren unterstützt. Auf dieser Plattform betreibt GE Information Services eine Vielzahl von Software-Komponenten, die die Bausteine für Electronic Commerce Service darstellen. Das sind im einzelnen:

■ Electronic Mail,

■ Bulletin-Boards und Datenbankstrukturen,

■ Wirtschaftsdatenbanken,

■ Nachrichtendienste,

■ Netzwerkmanagement,

■ EDI Clearing-Software und

■ eine umfagreiche Palette von Front-End Software.

Erfahrene Berater unterstützen die Kunden von GE Information Services bei der Neugestaltung ihrer externen Geschäftsprozesse. Sie sorgen für das angemessene Konzept, wählen die passenenden Software-Komponenten aus und stellen eine detaillierte Projektplanung auf. Die Implementierung kann mit Telesupport oder auf Wunsch auch vor Ort durchgeführt werden. Die Anwender werden in Schulungen nach Trainingsplan oder individuell vor Ort mit den neuen Verfahren vertraut gemacht. Für die Anbindung einer Vielzahl externer Geschäftspartner bietet GE Information Services Roll-Out-Management an. Die Kunden informieren ihre Geschäftspartner über die geplante Kommunikationsbeziehung, den Rest übernimmt GE. GE prüft die technischen Voraussetzungen, erstellt ein Konzept und bietet die Implementierung an.

Während des laufenden Betriebes können sich die Teilnehmer am Electronic Commerce Verfahren bei Anwendungsfragen oder Problemen an die Hotline in den jeweiligen Ländern wenden. Hier können zum Beispiel Kommunikationsprobleme analysiert, verlorengegangene Daten reproduziert und Anwenderfragen zu Standardprodukten beantwortet werden. Dadurch kann ein reibungsloser Ablauf der operativen Prozesse gewährleistet werden.

Die Rolle eines Clearing Service

Für die Inanspruchnahme von Electronic Commerce Service sprechen eine Reihe von grundlegenden Leistungsmerkmalen.

Systemintegration:
Geschäftsvorgänge werden zwischen Partnern abgewickelt, die in der Regel völlig unterschiedliche DV-Landschaften haben. Dadurch entsteht eine Vielzahl von Kombinationsmöglichkeiten unterschiedlichster Protokolle, Betriebssysteme, Geschwindigkeiten. Durch den Einsatz eines Clearing Service werden diese Probleme entkoppelt, der Dienstleister übernimmt die Aufgabe der Systemintegration, jeder Partner hat sich nur ein einziges Mal technisch an den Clearing Service anzuschließen.

Neutrale Drehscheibe:
Bei gemeinsamen Projekten mit einer großen Anzahl von Beteiligten, die rechtlich vollkommen unabhängig sind, prallen die unterschiedlichsten Interessen aufeinander. Hier ist es aus psychologischer Sicht eminent wichtig, im Mittelpunkt einen unabhängigen Dritten zu haben, der aus neutraler Sicht das Projektmanagement übernimmt und für eine objektive Verteilung der anfallenden Aufwände geradesteht.

Konzentration auf Geschäftszweck:
Immer mehr Unternehmen haben erkannt, daß es für die Verbesserung der Produktivität außerordentlich wichtig ist, sich auf den eigentlichen Geschäftszweck zu konzentrieren. Man focussiert also auf die Kernkompetenzen und sucht sich für Aufgabenstellungen, die nur mittelbar mit dem eigentlichen Geschäftszweck verbunden sind, Partner, die sich auf dieses Gebiet spezialisiert haben und dort ihre Kernkompetenzen entwickelt haben (Outsourcing).

Wirtschaftlichkeit:
Bei der Inanspruchnahme von Electronic Commerce Service über Clearing Center sind in der Regel wesentlich geringere Investitionen zu tätigen als bei Eigenlösungen. Die anfallenden Kosten werden je nach Nutzung entweder pauschal, zeitabhängig, volumenabhängig oder transaktionsorientiert umgelegt. So entsteht ein direkter Zusammenhang zwischen den anfallenden Kosten und dem erzielten Nutzen. Dadurch und durch die Beratung eines zuverlässigen Dienstleisters wird das übliche Investitionsrisiko bei Kommunikationsprojekten auf ein Minimum reduziert.

Sicherheit:
Der Einsatz eines Clearing Service bedeutet außerdem mehr Sicherheit im Betrieb. Ohne daß der Benutzer es merkt, werden bei der Datenübertragung automatisch Back-Up's erzeugt, die bei Störungen im weiteren Verlauf der Geschäftsprozesse herangezogen werden können. Darüber hinaus übernimmt das Clearing Center Prüffunktionen, z. B. über Partnerbeziehungen oder über die Struktur der vereinbarten Dokumente.

Schnelligkeit:
Der Einsatz eines Clearing Service beschleunigt außerdem den Aufbau elektronischer Kommunikationsbeziehungen zwischen vielen Beteiligten enorm. Da die elektronische Abwicklung der Geschäftsbeziehung direkt der Erzielung von Wettbewerbsvorteilen dient, spielt natürlich der Zeitfaktor auch eine entscheidende Rolle.

Entstehung von EDI-Gruppen

Für die Entstehung von EDI-Gruppen gibt es grundsätzlich zwei verschiedene Arten von Konstellationen: Im einen Falle werden große Unternehmen, die einen Machtfaktor in ihrem jeweiligen Segment am Markt darstellen, von sich aus initiativ, fordern ihre Geschäftspartner auf, bestimmte Geschäftsvorgänge elektronisch mit ihnen abzuwickeln und erzielen so höhere Effizienz. In diesem Falle sprechen wir in Anlehnung an die Struktur eines Rades von der sogenannten Hub-Spokes-Beziehung. Das Großunternehmen, also der Hub (Nabe), ist hier der aktive Part und nimmt Einfluß auf die Spokes (Speichen).

Im zweiten Falle setzen sich gleichberechtigte Partner einer Branche oder Interessensgruppe zusammen und versuchen, durch Nutzung einer gemeinsamen Infrastruktur die Effizienz aller Beteiligten zu verbessern. In diesem Falle spricht man von einer Community. Dabei ist äußerst bemerkenswert, daß sich in zunehmendem Maße auch Wettbewerber an einen Tisch setzen, um Gemeinschaftslösungen zu erarbeiten. Hier steht offensichtlich nicht die Differenzierung des einzelnen im Vordergrund, sondern die Erschließung von Rationalisierungspotential einer gesamten Branche.

Hub-Initiativen

Typische Beispiele für Hub-Spokes-Situationen sind etwa die großen Automobilhersteller mit ihren Lieferanten, große Chemie-Unternehmen mit ihren Spediteuren oder die großen Hersteller der Computer-Industrie mit den Lieferanten elektronischer Bauteile.

Für führende Unternehmen wie etwa Siemens, ist die strategische Bedeutung von EDI unbestritten. Mittelfristig sollen hier 50 Prozent aller mit externen Geschäftspartnern auszutauschenden Dokumente elektronisch abgewickelt werden. Dabei hat man frühzeitig erkannt, wie mühsam die bilaterale Absprache aller technischen Details mit den jeweiligen Geschäftspartnern ist. Man setzt daher konsequent auf die Clearing Service von GE. Dadurch kann sich das interne EDI-Team bei Siemens auf die Entwicklung der auszutauschenden Dokumente, basierend auf dem weltweiten EDIFACT-Standard, konzentrieren. So werden Nachrichtentypen wie Bestellungen, Bestelländerungen, Bestellbestätigungen, Rechnungen, Statusmeldungen, Lieferabrufe, Versandanweisungen, Zahlungsaufträge, Gutschriften u.v.m. auf Basis EDIFACT geschrieben und die entsprechenden Dokumentationen den Partnern zur Verfügung gestellt.

In gemeinsamen Veranstaltungen zwischen Siemens und GE werden die Partner über die EDI-Planung von Siemens informiert. Dabei läßt der Zentraleinkauf von Siemens keinen Zweifel aufkommen, daß die Beteiligung am EDI-Verfahren für die Lieferanten von essentieller Bedeutung sein wird. Die Unterstützung der Partner beim Anschluß an das Clearing Verfahren übernimmt GE. GE erstellt den Partnern ein auf die jeweiligen Bedürfnisse und auch die vorhandene Infrastruktur zugeschnittenes Angebot, das den Partner in die Lage versetzt, innerhalb kürzester Zeit am EDI-Verfahren teilzunehmen. Für Siemens bedeutet die Einrichtung eines neuen Teilnehmers lediglich einen einfachen administrativen Vorgang und hat keinen Einfluß auf die vorhandene Technik und Software.

Entwicklung von Communities

Typische Communities sind etwa die PHOENIX-Community in der pharmazeutischen Industrie, wo der Pharma-Großhandel tagtäglich seine Bestellungen und Rechnungen mit den großen Pharmaproduzenten elektronisch austauscht. Eine weitere Community bilden die Weiß-Ware-Hersteller, also die Produzenten von Haushaltsgroßgeräten wie Waschmaschinen, Geschirrspülmaschinen, Kühlschränken oder Mikrowellenherden. Namhafte Unternehmen wie AEG, Bauknecht, Bosch-Siemens, Electrolux, Liebherr und Miele haben sich Anfang 1990 zusammengeschlossen und eine gemeinsame Branchenlösung für EDI eingeführt.

Die meisten Communities starten mit einer Interessensgruppe von 5 – 10 engagierten Unternehmen, die sich an einen Tisch setzen, um eine Gemeinschaftslösung für EDI zu erarbeiten, wobei ein neutraler Dritter wie GE Information Services die Koordination und Projektleitung übernimmt. Nach Erarbeitung und Definition der entsprechenden Dokumente, in der Regel auf Basis des EDI-FACT-Standards, wird innerhalb der Pilotgruppe ein Testbetrieb eingerichtet, der je nach Art und Umfang 2 – 6 Monate dauert. Danach werden organisatorische Empfehlungen in Form eines Handbuches geschrieben und an weitere Interessierte innerhalb der jeweiligen Branche weitergegeben.

Mit Hilfe gemeinsamer Seminare und Informationstage werden die gemachten Erfahrungen und die Empfehlungen in der Branche bekanntgemacht und diskutiert. Schnell finden sich weitere interessierte Unternehmen. Dabei kommt auch den Verbänden eine entscheidende Rolle zu. Sie sind oft schon in der Initiativ-Gruppe und beim Pilotbetrieb involviert und haben ein starkes Interesse, Rationalisierungspotentiale in ihrer Branche auszuschöpfen. So unterstützen etwa die Verbände der pharmazeutischen Industrie und des Pharma-Großhandels, der BPI und der PHAGRO, die für PHOENIX entwickelten Verfahren als Branchenempfehlung.

Weitere Beispiele für Electronic Commerce

Die bisher diskutierten Beispiele beziehen sich auf den Dokumentenaustausch, der nach festen Standards abgewickelt wird (EDI). Dabei setzt sich eindeutig der weltweite EDIFACT Standard durch. Unternehmensspezifische und auch nationale Standards (wie VDA oder SEDAS) gehen immer weiter zurück und werden durch branchenspezifische EDIFACT-Subsets ersetzt. Darüber hinaus gibt es weitere Möglichkeiten, den Geschäftsverkehr durch Einsatz elektronischer Medien zu unterstützen. Technisch gesehen stehen dahinter Verfahren wie etwa:

- der Austausch von technischen oder Produktdaten,

- der Zugriff auf unternehmenseigene oder öffentliche Datenbanken,

- die Integration in Workflow-Prozesse,

- der Informations-Austausch zwischen den verschiedensten Applikationen,

- der personenorientierte Nachrichtenaustausch und

- die Übermittlung von Finanztransaktionen.

Der Anteil dieser Verfahren an Electronic Commerce wird nach Untersuchungen der Gartner Group deutlich zunehmen. Die Bedeutung dieser Verfahren für effizientes Marketing soll an einigen Beispielen erläutert werden:

Händlerkommunikation

Für Unternehmen, die ihre eigene Händlerorganisation haben, wie etwa die Automobilhersteller, ist die elektronische Anbindung der Händler an ihre elektronischen Systeme keine Frage. Aber auch Händlerorganisationen, die herstellerunabhängig sind, kommunzieren mit ihren Partnern mehr und mehr elektronisch – wie etwa in der Unterhaltungselektronik (z. B. Philips, Loewe, Sony), in der Computerindustrie (z. B. Apple, HP) oder im Landmaschinenhandel (z. B. KHD).

Die Hersteller stellen den Händlern elektronisch z. B. ihre Preislisten zur Verfügung, ihre Ankündigungen über neue Produkte sowie ihre Aktionen und lassen sie an ihrem Online-System teilnehmen. So können viele Händler online die Verfügbarkeit von Ersatzteilen abfragen und direkt die entsprechende Bestellung plazieren. Das elektronische Verfahren hilft also dem Hersteller und dem Händler gemeinsam, den Kunden besser zu bedienen und damit Marktvorteile zu gewinnen.

Percent of Total Inter-Enterprises Communications (Implications for Enterprise EC Budgets)

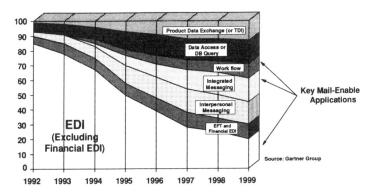

Informationsmanagement in der Logistik

Die zunehmende Implementierung von Just-in-Time Konzepten bringt erhöhte Anforderungen an die Transportwirtschaft mit sich. Stichworte sind hier Termintreue, Zuverlässigkeit und Transparenz. Um diesen Anforderungen gerecht zu werden, setzen führende Unternehmen wie Kühne & Nagel konsequent auf den Einsatz von Electronic Commerce. Über EDI werden Frachtdaten mit Partnern in der Transportkette mit Kunden und mit Behörden (Zoll) ausgetauscht. Datenbanken werden eingesetzt, um jederzeit weltweit den Status einer Sendung verfolgen zu können, oder um Container-Management zu betreiben. Das Management der begleitenden Informationen hat die gleiche Bedeutung bekommen wie das Management der eigentlichen Sendungen. Die elektronische Anbindung aller an der Transportkette Beteiligten ist unabdingbare Voraussetzung für ihr reibungsloses Funktionieren.

Elektronischer Kundendienst

Welche Bedeutung elektronische Kommunikation im Kundendienst haben kann, wird besonders am Beispiel MICROSOFT ONLINE deutlich. Neben der klassischen Form des telefonischen Hotline-Service bietet MICROSOFT seinen Kunden ein elektronisches Informationsmedium an. Dabei kann der Anwender über seine gewohnte Oberfläche Service-Requests an den MICRO-SOFT-Kundenservice über integrierte Mailboxen adressieren.

Der Vorteil liegt klar auf der Hand: Der Anwender braucht sich nicht über besetzte Telefonleitungen zu ärgern, braucht sein Problem nicht mehrfach zu schildern, bis er bei dem richtigen Ansprechpartner gelandet ist, sondern schickt seine Problemstellung per Knopfdruck ab und wird von dem zuständigen Spezialisten zurückgerufen. Dadurch kann der Anwender rund um die Uhr und ohne Zeitaufwand Unterstützung anfordern, während auf der anderen Seite MICROSOFT in der Lage ist, die eingehenden Requests wesentlich effizienter abzuarbeiten, nach Prioritäten zu ordnen und den entsprechenden Sachbearbeitern zuzuleiten.

Darüber hinaus bietet MICROSOFT den direkten Zugriff auf Datenbanken an, die Fachartikel beinhalten, Hinweise zu typischen Fehlern, Software-Libraries und Lernprogramme. Durch den Zugriff auf diese Datenbanken können die Kunden von MICRO-SOFT einen großen Teil ihrer Fragen selbst behandeln, die Hotline von MICROSOFT kann sich umso intensiver sehr spezifischen Aufgabenstellungen widmen.

Die führenden Elcctronic Commerce Dienstleister

Um sich im wachsenden Markt der Electronic Commerce Dienstleistungen behaupten zu können, muß ein Anbieter verschiedensten Anforderungen gerecht werden. Zunächst einmal

Electronic Commerce Market Players 1994 to 1996

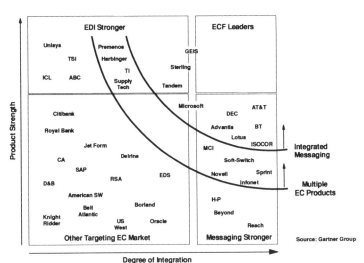

muß eine vielfältige und qualitativ hochwertige Produktpalette vorhanden sein, die die unterschiedlichen Aufgabenstellungen im Rahmen von Electronic Commerce zuverlässig und für den Anwender einfach abdecken kann. Dabei muß es möglich sein, unterschiedlichste Partner mit unterschiedlichsten technischen Voraussetzungen und Ausstattungen zu integrieren.

Ein weiterer wichtiger Aspekt ist die globale Ausrichtung des Anbieters. Mehr und mehr Unternehmen, insbesondere im europäischen Markt, dehnen ihre Geschäftstätigkeit ins Ausland aus. Sie erwarten natürlich eine durchgängige Betreuung an allen eigenen Standorten und ihrer Geschäftspartner.

Entscheidend ist auch die Kompetenz des Anbieters. Dabei spielt die Erfahrung aus einer Vielzahl bereits realisierter Projekte eine große Rolle. Die genannten Anwendungsbeispiele lassen eine Reihe von Chancen für effizientes Marketing erkennen.

Es gilt nun, kreativ zu werden, die Anwendungsmöglichkeiten elektronischer Kommunikation für die externen Geschäftsbeziehungen zu erkennen und sie mit Hilfe von Electronic Commerce Service schnell und wirtschaftlich zu realisieren.

Aufgrund der globalen Bedeutng und der weitreichenden Implikationen kann der Einsatz von Electronic Commerce nur dann Erfolg haben, wenn das Thema als wesentlicher Bestandteil der Unternehmensstrategie behandelt wird.

Multimedia-Marketing – Kommunikative Rationalisierung

Hagen Backhaus/Herbert J. Glomb

Prof. Dr. Hagen Backhaus ist Professor für Betriebswirtschaftslehre mit dem Schwerpunkt Marketing an der Bergischen Universität GH Wuppertal. Dort leitet er die Forschungsstelle Interaktive Absatz- und Kommunikationssysteme (FIA). Forschungsschwerpunkte sind Neue Medien in der Absatzwirtschaft, Multimedia-Marketing sowie Akzeptanzforschung bei Multimedia-Implementierungen.

Dipl.-Ökonom Herbert J. Glomb ist Geschäftsführer der Kwintus Communications in Wuppertal sowie Lehrbeauftragter und Projektleiter der Forschungsstelle Interaktive Absatz- und Kommunikationssysteme (FIA) an der Bergischen Universität GH Wuppertal.

■ *Der Wandel zur Informationsgesellschaft erfordert neue Wettbewerbsstrategien.*

■ *Nur Unternehmen, die den gesellschaftlichen und wirtschaftlichen Wandel nachvollziehen und proaktiv agieren, werden in den künftigen „medialen" Marktverhältnissen und -bedingungen überleben können.*

■ *Marketing-Effizienz bedeutet Strategien gegen die Informationsüberlastung und zur Rationalisierung von Kommunikation entwickeln zu müssen.*

Die Firma Intel, einer der führenden Hersteller für PC-Chips – und Hersteller der DVI-Boards, mit denen die PCs Bewegtbilder produzieren können, hatte in einer großangelegten Marktanalyse von 1987 den endgültigen Durchbruch für Interaktive Multimedia-Systeme weltweit für das Jahr 1989 prognostiziert. Der weltweite Durchbruch blieb aus – und seitdem wird das jeweils nächste Kalenderjahr als Break-Even-Jahr postuliert. Die Entwicklungen und Systemimplementierungen laufen auf den nationalen Märkten zwar sehr unterschiedlich ab – Japan und USA liegen einsam an der Spitze, Deutschland liegt in der EG im Schlußdrittel. Vom bevorstehenden „endgültigen" Durchbruch der Multimedia-Systeme in der Customer-Nutzung bisher kann nicht die Rede sein. Und dennoch sind alle mit der Systementwicklung befaßten Anbieter vom Erfolg mehr denn je überzeugt, wenn auch die Gründe für eine solche Überzeugung durchaus unterschiedlich sind.

Wir von der FIA (Forschungsstelle für Interaktive Absatzsysteme) sind auch davon überzeugt, daß Multimedia sich in der Marketing-Praxis durchsetzt. Und das, obwohl gegenwärtig die Flop-Rate sowohl bei Pilot-Systemen wie bei den wenigen Gesamtmarkteinsätzen noch überwiegt. Entsprechend groß ist die Unsicherheit bei Unternehmen und (vorwiegend öffentlichen) Institutionen, sich auf dieses Medien-Abenteuer einzulassen.

Zwar ist die Rede von der Entwicklung hin zur Informationsgesellschaft eine allgegenwärtige Rede. Was dies jedoch bedeutet, welchen Einfluß die Mediatisierung auf Kommunikationsprozesse hat, wie sie sich durchsetzt, und welche Operationalisierung adäquat ist, das ist weitgehend unsicher – und verschwimmt zunehmend im Argumentationsnebel der anbietenden Systemverkäufer. Dabei ist eines klar: Durchsetzen werden sich die Systeme, die betriebswirtschaftlich rational sind. Dieses scheinbar triviale Postulat wird uns im weiteren noch beschäftigen, denn die empirisch zu belegende hohe Flop-Rate von Systemimplementierungen macht deutlich, daß die, die Systeme (und das durchaus high-sophisticated) entwickeln, und die, die sie in Auftrag geben und einsetzen, häufig nicht wissen, was sie da tun. Und wenn sie wissen, daß sie nicht wissen, was zu tun ist, und es nur aus allgemeiner Innovationsgläubigkeit tun, dann wird die Implementierungs-Akzeptanz gering sein. Und wenn sie wissen, was die Branche tut, und sie auch dabei sein wollen, dann werden Systeme implementiert, die einem unwissenden Briefing folgen, und den potentiellen Nutzer ebenso im Ungewissen lassen, wie die Organisationsmitglieder, die damit konfrontiert werden.

Negative Synergien der endogenen Organisations-Inakzeptanz wie der exogenen Kunden-Inakzeptanz werden mobilisiert. Technisch faszinierende Systeme werden zum kommunikativen Flop! Die Frage nach der Kunden-Akzeptanz von Interaktiven Multimedia-Systemen im Marketing ist also nicht ohne weiteres durch empirische Erhebungen – z.b. durch Beobachtungen – zu belegen.

Akzeptanz-Probleme erzeugen (einzeln oder in Kombination):

■ ein schlecht konfiguriertes und nutzerunfreundliches System (Kunden-Akzeptanz),

■ ein falsch in die kommunikative Ablauforganisation integriertes System (Organisations-Akzeptanz),

■ ein medial falsch gedachtes (Distributions-)Kanal inadäquates, also kontraproduktives Rationalisierungssystem (Management-Akzeptanz).

Was ist Multimedia?

Rein technisch betrachtet ist Multimedia ein leistungsfähiger Personal-Computer, der gleichzeitig als Steuergerät und Schnittstelle für unterschiedliche Peripheriegeräte wie CD, Bildplatte, Videorecorder, Videokamera und -projektion, Drucker usw. dient. Multimedia ist also ein Synonym für die beliebige Kombination und Mischung von Grafik, Sprache, Text, Musik, Animation, Film etc. und die audio-visuelle Darstellung dieser Elemente auf einem Monitor oder einem anderen Ausgabemedium. Diese Kombination wird von einem Softwareprogramm im Zusammenspiel mit der entsprechenden Hardware bewerkstelligt, wobei durch diesen Prozeß ein detailliert geplantes inhaltliches Konzept realisiert wird. Neben dieser inhaltlichen und ablauforganisatorischen Aufgabe muß auch eine technologische Planungsaufgabe bewältigt werden. Ihr Gegenstand ist die Herkunft der Daten der verschiedenen eingesetzten Medien und deren Speicherung. Mit dieser Entwicklung wandelt sich der Personal-Computer immer mehr *vom Werkzeug zum Medium*!

Was ist neu an Multimedia?

Das Effizienz-Prinzip, das den Multimedia-Einsatz im Marketing kennzeichnet, ist dialogische Interaktion. Die formale Voraussetzung für „Interaktivität" ist eine Benutzerschnittstelle zwischen dem Multimedia-System und dem Anwender/Menschen.

„Interaktivität" (1) ermöglicht die *individuelle freie* Nutzung der angebotenen Medien und Informationen. Multimedia in diesem Sinne ist in jedem Fall mehr-kanalig und ermöglicht den Dialog zwischen dem Medium und dem Anwender. Die freie Nutzung der interaktiven Multimedia-Systeme ist jedoch nicht beliebig, da jedes Programm, das angeboten wird, Ergebnis einer verfolgten Ziel- bzw. Strategieorientierung ist.

Dieser Grundorientierung folgt auch die genaue Planung der möglichen Medienverknüpfungen und Dialogformen, um ein sinnvolles „interaktives" Navigationssystem zu ermöglichen. Die Nutzungsform sollte so konzipiert sein, daß das Medium (bzw. seine Nutzungsform) einen *„echten"* Dialog mit dem Kunden/ Nutzer möglich macht (quasi-natürliches Verkaufsgespräch = virtuelle Kommunikation).

Die Kommunikation mit so konzipierten und konfigurierten Systemen basiert auf der Kooperation zwischen Mensch und Maschine. Der Kommunikationsfluß entspricht nicht mehr einer

Einbahnstraße vom Sender zum Empfänger; vielmehr wird der Benutzer eines solchen Systems mit seinen In- und Outputs selbst dessen integraler Bestandteil. Er bestimmt „souverän" den Ablauf des Informationsflusses und navigiert sich interaktiv, seinen Bedürfnissen entsprechend, durch das vorkonfigurierte multimediale System. Vorkonfiguriert heißt hier z.b., daß empirisch erhobene typische Informationsdefizite spezieller Zielgruppen abgebaut und Problemlösungskompetenzen erlernt werden.

Neben der erlebten Freiheit im Umgang mit solchen Systemen ist es wichtig, die gleichzeitig stattfindenden Lern- und Kognitionsprozesse zu betrachten.

Da Multimedia dem Nutzer neben Bild und Ton die Möglichkeit bietet, selbst „interaktiv" Einfluß auf die Informationsauswahl zu nehmen, stellen sich Lerneffekte von bis zu 90 Prozent ein. (2) Dies entspricht fast einer Verdoppelung des Wirkungsgrades der herkömmlichen audio-visuellen Einweg-Kommunikation (Bild und Ton).

Interaktion via Multimedia unterliegt somit der gleichen Systematik wie der menschliche Organismus. Da das Gehirn lediglich mit einer begrenzten Speicher- und Informationsverarbeitungskapazität ausgestattet ist, setzen automatisch Selektions- und Reduktionsmechanismen ein.

Marketing- bzw. Absatzpolitik war in der Entwicklung der modernen Industriegesellschaft immer mit dynamischen Strukturwandlungsprozessen konfrontiert, die mit dem Paradigma-Wechsel von der ursprünglichen

■ bedarfsorientierten Produktion über den

■ produktionsbedingten Bedarf hin zur

■ Bedürfnisproduktion

umschrieben werden. (3) Diese Wandlungsprozesse finden in den Wirtschaftssektoren und Branchen in unterschiedlicher zeitlicher

Ausdifferenzierung statt, oszillieren aber um einen gemeinsamen Generaltrend.

In der gegenwärtigen durch Angebotsüberhang determinierten Warenwelt hat Marketing einen besonderen Kommunikationsauftrag. Mit dem Angebotsüberhang korrespondiert folglich ein Informationszwang. Soll dieses Überangebot einer marktvermittelten Verwertung (dem Konsum) zugeführt werden, müssen Bedürfnisse „produziert" werden – und das geht nur über effiziente Kommunikation!

Effizientes Marketing ist also effiziente Kommunikation. Effiziente Kommunikation in anonymen Märkten ist zunächst nur über kommunikationsfähige Medien möglich, die den potentiellen Nachfrager erreichen – dort wo er ist. Multimedia-Systeme sind grundsätzlich kommunkationsfähige Systeme dieser Art.

Im Gegensatz zu den traditionellen Kommunikationsmedien der rezeptiven Einweg-Kommunikation bieten entsprechend konfigurierte Multimedia-Systeme die Möglichkeit der interaktiven Kommunikation. Das bindet den Kommunikanten in den Kommunikationsprozeß ein und erhöht die Effizienz der Kommunikation. Dies gilt sowohl für 'kleine' stand-alone-Lösungen und erst recht für 'große' vernetzte Lösungen.

Wie man potentielle Produktnachfrager zu Nutzern solcher kommunikationsfähigen Systemen macht – wie man die Akzeptanz solcher Systeme herstellt – das hat etwas mit tradierten Kommunikationsformen, damit korrespondierenden Kommunikationsangeboten, ihrer Entwicklungsdynamik und der erlebten/erlernten Kommunikations-Ökonomie zu tun – oder: mit Adäquanz von Form und Inhalt der Systeme. (4)

Wir leben heute in einer komplexen Wirklichkeit, die immer undurchschaubarer wird. Die Entwicklung zum Stadium der Informationsgesellschaft, in der mediale Beziehungen kennzeichnendes Merkmal sind, ist längst vollzogen. Nicht mehr die physische Objektdarbietung ist allein entscheidend für das Verhalten des Konsumenten, das wahrgenommene Reizabbild spielt eine immer größere Rolle. Erlebniskonsum kann in der traditionellen Warenpräsentation im Rahmen der Sortimentsgestaltung in entprechendem Ambiente am Point of Purchase (POP) ebenso initiiert werden wie in der virtuellen Realität des sogenannten „Product-Placement" in Bild-Welten.

Dabei haben die Konsumenten – einhergehend mit dieser Entwicklung – die Grenzen der Informationsverarbeitungsfähigkeit längst erreicht. Das bedeutet im Umkehrschluß, daß ein Informations-Overload für immer geringere Grenzerträge aus Investitionen in Werbung und sonstiger Kommunikation verantwortlich ist. Von einem gewissen Punkt an kommt es zu einem Auseinanderklaffen von Informationsverarbeitung und Kommunikationseffizienz. Von diesem Punkt an wird nur noch Informations-Müll produziert. Kroeber-Riel kommt bei diesbezüglichen Untersuchungen zu dem Ergebnis, daß die gesamtgesellschaftliche Informationsüberlastung in der Bundesrepublik Deutschland 98,1 Prozent beträgt. (5) Lediglich knappe 2 Prozent des gestreuten und verfügbaren Informationsangebotes wird von den Empfängern wirklich beachtet, der Rest ist Müll. Die vier Leitmedien Rundfunk, Fernsehen, Zeitschriften und Zeitungen können zwar ihr Informations-Angebot steigern, die Grenzerträge – also die Effizienz – werden strukturell weiter abnehmen.

Zur Notwendigkeit der kommunikativen Rationalisierung

Eingangs haben wir davon gesprochen, daß insbesondere die Anbieter von interaktiven Absatzsystemen davon überzeugt sind, daß diese neue mediatisierte Form der Absatzkommunikation vor dem Marktdurchbruch steht. Wie sollte es auch anders sein; sie müssen von ihren Produkten überzeugt sein! Die Überzeugung der meisten aus dem Technikbereich kommenden Anbieter gründet sich auf die Selbstfaszination des technisch Machbaren. Und ihre Marktchance sehen sie in den Rationalisierungseffekten,

die in der Vergangenheit den Technikerfolg ausgemacht haben:
Substitution von Humanarbeit durch Maschinenarbeit. Und da
liegt das Problem! Dieser Denkansatz rekuriert auf Systemstruk-
turen, die die Marktrealität falsch focussieren. Hier wird die
Konkurrenz homogener Güter internalisiert und notwendiger-
weise über Kostenkonkurrenz als überlebensfähiger Königsweg
proklamiert.

Das relevante Strukturproblem in einer Angebotsüberhangsge-
sellschaft ist aber das, daß Nachfrage produziert werden muß,
und das geht nur über Kommunikation. Und das Dilemma ist: die
Grenzerträge der traditionellen Massenkommunikation streben
gegen Null (Information-Overload). In Verbindung mit dem Pa-
rallel-Trend der Individualisierung des Konsums wird mit den
traditionellen Medien der Massenkommunikation der Versuch
unternommen, immer differenziertere Produktangebote zu vermitteln. Die Kommunikationskosten steigen ins Unermeßliche.
Das wäre nur vertretbar über die Rationalisierung der Kommunikation – oder: wenn Sie wollen – über die Industrialisierung der
Kommunikation. Das setzt aber andere Medien voraus!

Eingangs haben wir vom Paradigmawechsel im Zusammenhang
mit der Bedürfnisentwicklung respektive der darauf bezogenen
Güter gesprochen (von der bedarfsorientierten Produktion zur
Bedürfnisproduktion). Diese bedürfnis-/güterspezifische Rekon-
struktion der Entwicklung hat eine betriebswirtschaftliche Ana-
logie in den vorherrschenden/notwendigen Rationalisierungsty-
pen.

Am Anfang war der Typ der „tayloristischen Rationalisierung"
vorherrschend. Produktivitätsprobleme und Kostendruck führten
zu einem operativen Management, das durch Differenzierung und
Standardisierung von Arbeitsprozessen durch den Einsatz von
Technik eine Substitution von Humanarbeit durch Maschinenarbeit und damit Produktivitätsentwicklung hervorbrachte.

Auf der nächst „höheren" Entwicklungsstufe wandelte sich der
Kostendruck zum Innovationsdruck, bei zunehmender Komplexität der Prozesse verschob sich das Produktivitätsproblem zum

Steuerungsproblem, das nur über strategisches Management geregelt werden konnte und kann. Der vorherrschende Rationalisierungstyp ist der der „systemischen Rationalisierung". Dieser Rationalisierungstyp ist in bestimmten Branchen schon auf dem Wege, den Wendepunkt als Produktivitätsbeitrag zu überschreiten.

Nicht mehr der Innovationsdruck wird das vorherrschende Problem sein, sondern der Legitimationsdruck, der vor allem über die Nachfrage erzeugt wird. Welcher Anbieter wird als kompetent erachtet, die individuellen Bedarfe angemessen befriedigen zu können (z.B. Erfüllung ökologischer und/oder ethischer Erwartungen), wie dialogfähig und kooperationsfähig ist er/gibt er sich und welche Kommunikationsmöglichkeiten eröffnet er? Die unendlich große Zahl interaktiver Kommunikationsanforderungen ist nur zu realisieren über adäquate (= interaktionsfähige) Medien, die die Möglichkeit bieten, diese Prozesse zu steuern und betriebswirtschaftlich effizient zu integrieren. Für den Absatzbereich heißt das, der individuelle Produktwunsch muß seine Entsprechung in einem Individualprodukt finden. Nicht mehr die Antizipation potentieller Bedürfnisse (z.B. durch Marktforschung) und die Bereitstellung von homogenen Gütern für Marktsegmente mit entsprechender Einweg-Kommunikation ist der Weg, sondern die Interaktion zwischen Produzent und Konsument. Und der Konsument wendet sich an den Anbieter, der ihm kompetent erscheint und diese Kommunikationsangebote macht. Das gilt nicht nur für die high-interest-Güter (wants), sondern zunehmend für die größer werdende Anzahl der low-interest-Güter (needs).

Wie bereits gesagt: die traditionellen Massenmedien sind dafür nicht geeignet. Und das klassische „strategische Management" reicht dafür nicht mehr aus. Ein „normatives Management" ist erforderlich – und der adäquate Rationalisierungstyp hierfür ist der der „kommunikativen Rationalisierung".

Dieser Rationalisierungstyp ist der Typus, der unternehmensspezifisch dem der Informationsgesellschaft entspricht. Er spiegelt den Wandel von der Produktions-/Warenwirtschaft zur Kommunikationswirtschaft, in der die Vermittlung von Werten/

	Rationalisierungstyp		
	Tayloristische Rationalisierung	Systemische Rationalisierung	Kommunikative Rationalisierung
Management-Ebene	Operatives Management	Strategisches Management	Normatives Management
Erfahrungs-hintergrund	Kostendruck	Innovationsdruck	Legitimationsdruck
Sozial-öko-nomische Grund-probleme	Knappheit von Ressourcen	Komplexität und Ungewissheit	Kooperation/ Konflikt (der Anspruchsgruppen)
I+K Systeme	DV-Anlagen	Netzwerke	Interaktive Multimedia-Systeme
I+K Perspektive	Binnenbetrachtung	Binnenbetrachtung über Außenadaption	outside-in
I+K Ratio-nalisierungs-objekte	Datenver-arbeitung	Vorgangs-beurteilung	Austausch-prozesse
Betriebs-wirtschaft-licher Pro-blemtyp	Produktivitäts-problem	Steuerungs-problem	Konsens-problem
Metho-discher Ansatz	Kalkül („Berechnung")	Systemplanung („Beherrschung")	Dialog („Besprechung")

Erweiterter FIA-Ansatz nach P. Ulrich und L. Becker (6)

Normen neben die der Waren tritt. Die Akzeptanzproblematik der meisten bisher eingesetzten interaktiven Absatzsysteme liegt – neben teilweise gravierenden technischen Mängeln – darin, daß eben diese Rationalisierungsproblematik nicht bedacht wurde/ werden konnte, da vorwiegend noch nach klassischen tayloristi-schen und/oder systemischen Rationalisierungsüberlegungen verfahren wurde. Wir haben bisher eben auch noch sehr wenig Erfahrung mit der Kommunikationswirtschaft und sind noch auf dem Wege. Aber wer diese Erfahrung nicht jetzt sammelt, gerät in Gefahr, vom Wege abzukommen.

Interaktive Multimedia-Systeme – ein neues Marketing-Instrument!

Interaktive multimediale Systeme werden sich zunehmend als neues Marketing Instrument durchsetzen.

Die technische Konfiguration solcher Systeme integriert nicht nur unterschiedliche Medien zu einem multifunktionalen Medienverbund, um entstehende Synergieeffekte zu nutzen, sondern schafft gleichzeitig die Voraussetzungen für die ganzheitliche Verschmelzung der traditionellen Marketing-Mix-Instrumente zu einem harmonischen Ganzen. Zwar stellt das Marketing-Mix seinem Selbstverständnis nach schon immer mehr als nur die Summe seiner Teile dar, durch die interaktiv-multimediale Integration wird es jedoch zu einem komplexen System mit einer völlig neuen Qualität. Und diese Qualität schafft Bedingungen, für die Überwindung der vorherrschenden Orientierungslosigkeit und zunehmenden Anonymität der marktlichen Beziehungen.

Ein Teil der bisherigen Anonymisierung wird bereits dadurch durchbrochen, daß interaktive Systeme explizit die unmittelbare Partizipation des Konsumenten an der Produkt-/Systemgestaltung vorsehen. Die kommunikativen (nicht-gegenständlichen) Waren greifen so immer mehr in den Gestaltungsprozeß der gegenständlichen Waren ein. Man kann, wenn man will, in dieser Entwicklung einen ersten Schritt in die Richtung eines individualisierten Konsums sehen.

Die Kultur der Informationsgesellschaft wird immer mehr zu einer „bild-bestimmten" Kultur. Dabei geht es nicht unbedingt um die

„quantitative" Dominanz der Bilder, vielmehr ist es die Struktur (chemistry) der bildhaften Kommunikation, die auch die verbale Kommunikation prägt. Der informationsüberlastete Konsument erwartet, daß die Information in kleinen „Happen" dargeboten wird, schnell und leicht verdaulich ist – sowie verständlich und unterhaltsam verpackt vermittelt wird.

Multimedia ist ein optimaler Kommunikationsträger, der nicht nur zu einer Verschmelzung bisher getrennter Medien zu einem multifunktionalen Medienverbund führt. Multimedia führt zu Synergieffekten im Kommunikations-Submix und im Marketing-Mix. Das Ganze ist hier wirklich mehr als lediglich die Summe seiner Teile!

Es werden neben Audio, Bildern, Schrift, Daten, Animation usw. auch Warenwerte kombiniert, präsentiert und ausgetauscht. Die traditionellen Medien werden dabei nicht einfach nur kopiert oder substituiert, sondern einer grundlegenden Änderung unterzogen. Da Multimedia nicht nur Träger visueller, sondern jeglicher anderer Informationen sein kann, wird das Abbildungssystem vollständiger: Multimedia bildet nicht nur das ab, was wir sehen, sondern bezieht andere Sinne in die Abbildung mit ein. Man kann in diesem Zusammenhang vom Prozeß der Komplettierung der Bilder sprechen. Dies tangiert das Verhältnis von Abbild und Realität bzw. Realitätsstiftung von interaktiven multimedialen Systemen. Komplette Bilder vermindern die Distanz zum realen Objekt/Meinungsgegenstand und führen zu einer Konvergenz bzw. Verwischung von Schein und Wirklichkeit. Multi-Mediale-Systeme verfügen über eine spezifische realitätsstiftende Kraft.

Die spezifische Wirkung von Bildern, verknüpft mit „Interaktivität", schafft eine ganzheitlich ausgerichtete Basis für eine effiziente Kommunikation. Sie geben der Information einen Teil ihrer ursprünglichen Bestimmtheit. Sie wird wieder sinnstiftend. So gestaltete Kommunikation erreicht effizient ihre Zielgruppen. Und diese „Lean Communication" kann auf unterschiedliche Weise interaktiv werden. Sie kann in bestehende Distributionskanäle am POP integriert werden, einzig und allein, um die Beratungs- und Verkaufskompetenz des Absatzmittlers zu erhöhen – quasi als

Expertensystem. Spezifische Kundenwünsche werden in das System eingegeben, und das System macht Produktvorschläge (z.B. Konfiguration des eigenen Autos, Reiseangebote). Die Interaktion mit dem System wird vom Verkäufer moderiert (moderierte Informationssysteme). Das Rationalisierungspotential besteht vorwiegend darin, schnell und kompetent aus einem komplexen Angebot die kundenadäquate Selektion zu treffen.

Eine andere Einsatzmöglichkeit in bestehenden Distributionskanälen besteht darin, daß der Kunde am POI eine Vor-/Auswahl aus bestehenden Angeboten trifft und kompetent an den Verkäufer herantritt. Die anschließende interpersonale Kommunikation wird damit wesentlich effizienter (autonomes Informations-System).

Die Weiterentwicklung dieses Ansatzes besteht darin, daß der Kunde sich nicht nur informiert, sondern die Leistung auch erwirbt (z.B. Ticket-System, Reisebuchungssystem). Dieses System kann sowohl in bestehende Distributionssysteme integriert sein, oder für diese autonomen Systeme wird ein eigener Standort gewählt.

Die vorgenannten Einsatzmöglichkeiten interaktiver Systeme haben alle eine Gemeinsamkeit: Der Kunde/Nutzer ist 'beschaffungsaktiv'. Er begibt sich zum Standort des Systems, um eine Leistung in Anspruch zu nehmen. Eine weitergehende Einsatzmöglichkeit ist die, autonome (Informations-/Selling-) Systeme dort zu plazieren, wo die potentiellen Kunden sich aufhalten. Der Geldautomat ist ein längst bekanntes, naheliegendes Beispiel. Ein anderes Beispiel ist, Doppelversicherungskarten für die Kfz.-Versicherung am Ort des Angebots ebenso über ein interaktives Kiosksystem zu vertreiben, wie individuelle Finanzierungsangebote für das Fahrzeug, das man sich über das gleiche System individuell konfiguriert hat.

Solche Systeme nennen wir integrierte interaktive Distributionssysteme (IIDS). Dabei kann die Integration sowohl über mediale Bedarfskomplexe (Autobedarf, Kfz.-Versicherung) vollzogen werden wie auch über Funktionen (z.b. Kopplung an Warenwirtschaftssysteme). Je nach Kommunikationsfunktion der Systeme wird sich natürlich die Konfiguration, Netzstruktur, Human Interface, Zugangsselektion und Animation unterscheiden.

Interaktive Multimedia-Systeme als strategischer Erfolgsfaktor

Der Wandel zur Informationsgesellschaft, der die Kommunikationswirtschaft als konkrete Ausprägungsform hervorgebracht hat, erfordert neue Wettbewerbsstrategien. Nur die Unternehmen, die diesen Wandel nachvollziehen und entsprechend proaktiv agieren, werden in den künftigen „medialen" Marktverhältnissen und -bedingungen überleben können.

Zukünftig müssen bedürfnisorientierte Produktangebote noch stärker dem Trend der Bedürfnisentwicklung folgen; das kann mit den gegenwärtigen Organisations- und Distributionsformen sowie den derzeit bestehenden Kommunikationsmedien nur bedingt – bzw. relativ ineffizient – geleistet werden. Daher muß die Effektivität der tradierten Distributionsfaktoren (betriebswirtschaftlich) erhöht und die Effizienz der Produktentwicklung verbessert werden.

Die aufkommenden Megatrends – Individulisierung des Konsums und Herausbildung von differenzierten „special interest groups" – erfordern qualitativ neue Antworten und Lösungen.

Auf der Nachfrageseite bedeutet dies, daß der Druck auf Anbieter und Hersteller immer stärker wird, denn erfahrenere und anspruchsvollere Kunden verlangen neue Produkte, besseren Service, kompetente Beratung und ein eindeutiges Preis-Leistungs-Erlebnis der angebotenen Dienstleistung. Insgesamt kann von sich ändernden Kundenpräferenzen und steigender Leistungssensibilität ausgegangen werden. Der moderne – anspruchsvolle – Kunde fühlt sich immer weniger an ein Produkt (einen Anbieter/Hersteller) gebunden, die Loyalität nimmt ab und die Anzahl der Kunden, die sich multioptional verhalten, nimmt stetig zu.

Der Kunde bewertet eine Leistung nicht mehr nur nach dem Service, der ihm im am POS geboten wird, sondern zunehmend nach den zur Verfügung stehenden Möglichkeiten der Selbstbedienung (Automatisierung, Verkürzung der raum-zeitlichen Distanz zum Anbieter der Leistung). Hinzu kommt, daß steigende Lohnkosten (einschließlich Lohnnebenkosten) bei stets kürzeren Arbeitszeiten das Angebot weiter verteuern. Dieser Umstand führt zu sinkenden Gewinnspannen und zur Gefährdung der langfristigen Organisationsziele (Gewinn- und Existenzsicherung).

Die Anbieter von Leistungen müssen notgedrungen nach neuen Akquisitions- und Vertriebsstrategien suchen, um bestehende Kundenbeziehungen zu vertiefen und neue Kunden zu gewinnen.

Diese Implementierung interaktiver Multimedia-Systeme stellt einen Meilenstein für die Entwicklung und erfolgreiche Bearbeitung der Zukunftsmärkte in den Strategien der Unternehmen dar. Sinnvolle Ergebnisse werden jedoch nur dann erzielt, wenn der Einsatz geplant, mit der Vertriebs- und Unternehmensstrategie abgestimmt und mit klar formulierten Zielen versehen wird. Hier stehen Produktentwicklung, Organisationsentwicklung und Personalentwicklung in einem interdependenten Verhältnis.

Die drei Entwicklungsaspekte sind – neben der Kundenakzeptanz und der Optimierung des Absatzkanals – die Eckpfeiler einer qualitativ neuen Marktbearbeitungsstrategie. Außerdem tragen sie wesentlich zur Organisationsakzeptanz interaktiver Multimedia-Systeme bei. Werden die drei Akzeptanzbereiche in der Entwicklungs- und Projektierungsphase nicht explizit bedacht und aufeinander abgestimmt, sind mediale Vertriebskonzepte, bevor sie überhaupt eingeführt werden, zum Scheitern verurteilt.

Viele Multimedia-Projekte werden mit großen Erwartungen begonnen. Zu offensichtlich erscheint das Effizienzpotential, das durch den gezielten Einsatz interaktiver Absatz- und Informationskioske erreicht werden kann. Häufig enden diese Projekte aber als Selbstzweck. Sie würden in einer Gesamtevaluation eine

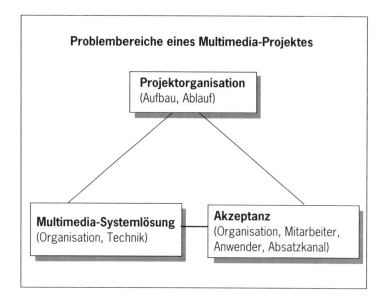

viel schlechtere Beurteilung erfahren, wenn nicht das realisierte technische Ergebnis, sondern der generierte Nutzen für die Organisation und ihre Mitglieder als Erfolgsindikatoren herangezogen würden. Erst die Organisationsakzeptanz (zusammen mit der Akzeptanz im Absatzkanal und der Kundenakzeptanz) gewährleisten, daß das Projektergebnis tatsächlich die erwarteten positiven Effekte mit sich bringt.

Aspekte der Akzeptanzsicherung müssen bereits in der Projektplanung berücksichtigt und während der gesamten Projektlaufzeit stets neu überdacht und akzeptanzrelevant umgesetzt werden. Mit der Einführung interaktiver Multimedia-Systeme in den Absatzkanal darf der Prozeß der Beobachtung und sensiblen Akzeptanzsteuerung jedoch nicht zum Erliegen kommen. In dieser Phase geht es primär darum, Akzeptanzbarrieren schnell aufzuspüren und ohne wesentliche Wirkungsverluste auszuräumen. Wenn dieser Prozeß der „sanften" Steuerung nicht gelingt, dann können mediale Vertriebskonzepte die Markteinführungsphase nicht überleben.

Kundenakzeptanz interaktiver Multimedia-Systeme

Bei der Implementierung interaktiver Systeme kommt der Kundenakzeptanz eine bedeutende Rolle zu. Die Kundenakzeptanz hängt wesentlich von den folgenden Punkten ab:

■ Ablauforganisatorische Positionierung des Systems (Foyer, Lobby, etc.),

■ Schnelligkeit der Durchführung des Vorgangs,

■ Logik der Benutzerführung (Verwendung von eindeutigen Icons etc.),

■ Selbsterklärungsgrad der Benutzeroberfläche,

■ Einfachheit der Bedienung (Anwenderfreundlichkeit),

■ Größe der Tastatur und Eingabefelder,

■ Logik, Einfachheit und Lesbarkeit der Anweisungen,

■ Farbliche Gestaltung der Anweisungen,

■ Design des Gerätes.

Zusätzlich zu den die Systemgestaltung betreffenden Aspekten der Kundenakzeptanz muß das Produkt- und Leistungsspektrum sorgfältig ausgewählt und kundenfreundlich präsentiert werden. So muß eine ausdrückliche Analyse der Kundenbedürfnisse und deren Transformation in konkrete Produktangebote und Services erfolgen.

Die erfolgreiche Implementierung von interaktiven Selbstbedienungsterminals kommt ohne ein übergreifendes Marketingkonzept nicht aus. Sie sind lediglich eine Instrumentalvariable, die es zu optimieren und zu harmonisieren gilt. Technische Absatzmedien vermögen zwar die raum-zeitlichen Distanzen zwischen dem Kunden und den Leistungsanbietern zu überwinden. Die psychologischen Distanzen hingegen bleiben weiterhin bestehen.

Neukundenakquisition und stärkere Kundenverflechtung (cross selling) können nur gelingen, wenn auch die psychologischen Barrieren abgebaut werden. Und dies ist nur durch die zielgerichtete Umsetzung einer übergreifenden Marketing-Strategie möglich. Interaktive Systeme sind kein Ersatz für strategische Visionen. Sie müssen vielmehr integraler Bestandteil einer visionären Marketing-Strategie sein.

Multimedia und die Marketing-Mix-Instrumente

Da spezifische Multi-Mediale-Systeme tendenziell die Qualität eines „neuen" Marketing-Instruments haben, werden hier zunächst die vier klassischen Instrumentalvariablen des Marketing-Mix betrachtet, d.h. die Produkt- Preis-, Kommmunikations- und Distributionspolitik. Diese Betrachtung bezieht sich explizit auf das Rationalisierungspotential in den Instrumentalvariablen des Marketing-Mix.

Die Produkt-/Sortimentspolitik

Multimediale Systeme ermöglichen die codierte Aufzeichnung und aussagenhaltige Aufbereitung der vom Benutzer hinterlassenen „Datenspuren" und Abfragestrukturen. Von der Implementierung dieser tagesaktuellen Kundenstruktur-/Informationsstrukturdaten in das Produktmanagement gehen produkt-/sortimentspolitische Impulse aus. Diese Impulse können Ausgangsgrundlage für kundengerechte Produktdifferenzierungen und -variationen sowie eine imagegerechte Produktpositionierung bzw. Imagekorrektur sein.

Multimediale interaktive Systeme ermöglichen die Darbietung von Produkten und Informationen in einer ihre ganze Komplexität wiedergebenden Weise. Multimediale Systeme wirken durch ihre vernetzte Struktur, wobei die technische Konfiguration der Medien letztendlich ein Spiegelbild der Komplexität der abgebildeten Meinungsgegenstände ist. Der betriebswirtschaftliche Nutzen solcher interaktiven multimedialen Systeme ist beachtlich und quantifizierbar. Innovative Handelsbetriebe etwa konnten innerhalb der ersten Monate nach Einsatz des Mediums deutliche Umsatzsteigerungen verbuchen. Dieses positive Ergebnis läßt sich u.a. auch dadurch erklären, daß etwa 30-50% der Besucher eines Ladens/Marktes diesen wieder verlassen, ohne etwas gekauft zu haben, und daß ca. zwei Drittel (66%) der Kaufentscheidungen im Geschäft selbst getroffen werden. Diese Form der Kaufentscheidungen läßt sich als „Impulskauf" kennzeichnen. Interaktive Multimedia-Systeme evozieren durch gezielte emotionale Ansprache diese für den Umsatz wichtigen „Impulskäufe".

Beispiel: Wie paßt die Levis-Jeans, die dort im Regal liegt, und wie sieht sie wohl aus, wenn sie angezogen wird? Eine Berührung des Touch-Screen-Monitors genügt, um in die Erlebniswelt einer Modenschau, unterstützt von der emotionalisiernden Erkennungsmusik, hineinversetzt zu werden.

Levis konnte durch den Einsatz interaktiver Multi-Media-Systeme in den USA eine Umsatzsteigerung von 20% erreichen. Es konnten über 1100 Informationsabrufe pro Monat und System gezählt werden. Die ROI-Schwelle konnte innerhalb von 6 Monaten überschritten werden.

Einige weitere Beispiele aus dem Handel sprechen für sich:

■ Florsheim Shoes
 21-92% Umsatzsteigerung
 30% Lagerreduktion
 41% Steigerung der Lagerumschlagsgeschwindigkeit

■ Reebok International
 20% Umsatzsteigerung innerhalb eines Jahres

- ARO Deutschland
  300% Umsatzsteigerung bei Orientteppichen innerhalb 1/2 Jahres

- Karstadt/Philips Audio
  Umsatzsteigerung bei Autoradios innerhalb von 6 Monaten 25 installierte Systeme

- Rufin Deutschland
  320% Umsatzsteigerung bei Körperpflegeprodukten

- Metro Deutschland
  Erhebliche Zusatzverkäufe bisher nicht gelisteter weißer Ware.

Die Einsatzmöglichkeiten interaktiver Multimedia-Systeme beschränken sich jedoch nicht allein auf den Handel. Solche Systeme können ebenfalls von Banken, Versicherungen, Touristik-Unternehmen, Hotels, Gaststätten entweder als POI- oder als POS-System eingesetzt werden.

Die Preispolitik

Der flächendeckende Einsatz multimedialer Systeme verbessert nicht nur den Service am Kunden, sondern führt innerhalb absehbarer Zeit auch zu erheblichen Kostensenkungen und damit zu günstigeren Preismargen.

Dies gilt insbesondere für Systeme, die neben dem Absatz auch den der Produktion vorgelagerten Bereich, die Beschaffungswirtschaft, integrieren. Durch eine explizite Integration der Warenwirtschaft lassen sich Lagerwirtschaftsoptimierungen erzielen, die mit immensen Kostensenkungseffekten einhergehen. Dies geschieht auf zweifache Weise: Zum einen werden nur noch Artikel nachbestellt, die tatsächlich nachgefragt wurden (der Einkauf wird optimal über das Käuferverhalten informiert), und zum anderen können Lagerkapazitäten abgebaut werden (geringere Kapitalbindung, Just-In-Time-Lager).

Weitere Kostensenkungen sind durch eine bessere Nutzung der Verkaufsfläche zu erzielen. So entfallen etwa die Kosten für Mehrfachpräsentationen der Produkte, denn der Kunde kann auf das ganze Sortiment bzw. große Teile des Sortiments zugreifen.

Die Kommunikationspolitik

Interaktive multimediale Systeme lassen sich sowohl als den persönlichen Verkauf unterstützend, als Träger von Werbebotschaften, als POI-Systeme im Rahmen der Verkaufsförderung und als Element der Public-Relations-Arbeit sinnvoll nutzen.

Produkt-Manager und Marketingverantwortliche sind mit solchen Systemen sehr zufrieden, da sie exakte Werbewirkungsforschung ermöglichen und kostspielige Streuverluste vermeiden. Dies liegt daran, daß jede Bedienung bzw. Applikation meßbar ist. Man kann präzise nachvollziehen, welche Elemente des Informationsangebots bzw. welche Informationen insgesamt abgefragt wurden. Genau festhalten lassen sich auch die Abfragemuster, die unmittelbar zum Kauf eines Produktes/einer Dienstleistung geführt haben. Dies führt nicht nur zu Optimierungschancen innerhalb des Sortiment-Mix, es stellt darüber hinaus auch die beste Grundlage für eine Optimierung des Kommunikationsmix und somit der Kommunikationseffizienz dar.

Die besondere Bedeutung der interaktiven Multimedia-Systeme aber liegt – wie eingangs schon hervorgehoben – in der dialogischen Kommunikation. Während massenmediale Kommunikation bis zu 98% Informationsmüll erzeugt, und etwa bei low-involvement-communication kaum noch kognitive Spuren hinterläßt, ist über den aktivierenden Prozeß des Dialogs – der durchaus auch „spielerisch" genutzt wird – eine enorme Steigerung des Involvements zu realisieren.

Bei zunehmender Individualisierung des Konsums und der produktionstechnischen Entsprechung durch flexible Automation werden dialogfähige Kommunikationssysteme die Medien der Zukunft sein.

Die Distributionspolitik

Im Rahmen der Distributionspolitik stellen interaktive Multi-Media-Systeme einen neuen Vertriebskanal dar, die an keine Ladenschlußzeiten und auch nicht an tradierte Verkaufsstandorte gebunden sind. Die potentiellen Kunden müssen sich nicht mehr zum POS/POI begeben – wie beim klassischen Handelsbetrieb –, die Systeme können dort installiert werden, wo die potentiellen Kunden sich – etwa in Form hoher Passantendichte – aufhalten. Darüber hinaus können interaktive Multi-Media-Systeme bestehende Absatzkanäle substituieren oder ergänzen. Sie bieten besondere Möglichkeiten für ein erlebnisorientiertes/-vermittelndes „product-placement".

Die Einsatzgebiete interaktiver Systeme sind vielfältig. Bei erklärungsbedürftigen Produkten (products of high involvement) übernimmt ein solches System die Rolle eines unaufdringlichen Verkäufers/Kundenberaters. Erste Hemmschwellen auf Seiten des potentiellen Kunden werden so überwunden. Der Konsument wird sensorisch mobilisiert und aktiviert, wodurch das Problem des ersten Einstiegs/Kontaktes gelöst wird, und das sogar bei Wahrung seiner Anomymität.

Die Distributions-Effizienz multimedialer Systeme wird darüber hinaus wesentlich dadurch erhöht, daß potentielle Anwender nicht ausgeschlossen werden. Und dies in zweifacher Weise: Es gibt keine psychologischen Barrieren des Erstkontaktes (keine Berührungsängste, da einfach zu bedienen) und die Systeme sind an keinerlei Öffnungszeiten gebunden (Service-Orientierung).

Multimedia-Systeme als Marktforschungsinstrument

Neben der schon erwähnten „Impulsgebungsfunktion" für die Produktpolitik verfügen Multimedia-Systeme natürlich auch über eine explizite Marktforschungs-Funktion. Mittels multimedialer interaktiver Systeme lassen sich Abfragestrukturen der Konsumenten/Nutzer speichern und auswerten. Das Produktmanagement erhält so tagesaktuelles Datenmaterial und kann entsprechend schnell die Richtigkeit der getroffenen Entscheidungen überprüfen sowie korrektive Maßnahmen „proaktiv" einleiten.

Die Marktforschungs-Funktion kann zusätzlich qualitativ aufgewertet werden, wenn man den Nutzer mit identifikations- und imagestiftenden (= Zusatznutzen) „Zugangskarten" ausstattet. Solche Zugangskarten, die nicht ausgrenzen dürfen, können sein: VIP-Cards, Citycards, Kundenkarten aber auch die bekannten Debit- und Kredit-Cards. Diese Karten dienen nicht nur als Instrument der Kundenbindung und -verflechtung, sie liefern auch zuverlässig soziodemografisches (u.U. auch psychografisches) Datenmaterial.

Eine Kombination der Abfragestruktur/-häufigkeits-Informationen mit den soziodemografischen/psychografischen Daten führt zu aussagefähigen Kundenprofilen, die dann zielgenau vom Produktmanagement bedient werden können – und das sowohl mit zielgruppengenauen Informationen als auch konkreten profilgenauen/-zentrierten Produkten.

Ebenso können Werbewirkungsgrade mittels dieser „built-in research functionality" authentisch, kosteneffizient und ohne Streuverluste erhoben werden.

Darüber hinaus liefert das System aber auch Information über die Einfachheit der Bedienbarkeit (ease of use) und den Selbsterklärungsgrad der Navigation. Diese Information wiederum kann ebenfalls unter soziodemografischen als auch inhaltlich-ablauforganisatorischen (systemimmanenten) Gesichtspunkten ausgewertet, analysiert und handlungsrelevant genutzt werden. So wird das System in einem evolutionären Prozeß ständig verbessert, bis eine effiziente und kundengerechte Waren- und Informationsdarbietung verwirklicht werden kann. Form und Inhalt können so sukzessive in Einklang gebracht werden.

Marketing-Effizienz ist Kommunikations-Effizienz

Marketing-Effizienz wird mit der Entwicklung der 'Informationsgesellschaft' steigen, wenn das Marketing in der Lage ist, sich mit der Mediatisierung unserer Gesellschaft in Form und Inhalt adäquat mitzuentwickeln. Im Zeitalter der Informationsüberlastung, der damit verbundenen relativen Wirkungslosigkeit massenmedialer low-interest-communication ist es notwendig, die enormen Kostensteigerungen des Absatzes durch Rationalisierung der Kommunikation aufzufangen. Wie bei der industriellen Warenproduktion effektive Rationalisierung erst durch verfügbare Produktionstechnologie realisiert werden konnte – wird effiziente Rationalisierung der Kommunikation erst durch Verfügbarkeit von adäquaten Kommunikationstechnologien möglich sein. Diese Entwicklung ist auf rasantem Wege.

Die Industrialisierung der Kommunikation hat eine technologisch neue Qualität erreicht: Multimediale Konfigurationen und Netzstrukturen sind ihre Vorraussetzung – der tendenziell individuelle Dialog ist ihre Form. Selbstverständlich ist die Rasanz der Entwicklung noch nicht gebrochen. Interaktives TV wird kommen, home-shopping und individuelle at-home Kommunikation wird sich in der nächsten Dekade durchsetzen – aber interaktive Multimedia-Systeme sind die Basis. Wer sich dieses Basis-Know-How heute nicht schafft wird morgen mit seiner Inkompetenz scheitern.

Anmerkungen:

1) Siehe dazu auch Knoll, J. A.:
   Das multimediale Museum, in: Lehmann, R. G. (Hrsg.), Corporate AV – Sonderausgabe Medienreport – AV – Branche, Waiblingen, 1993, S. 42-46
2) Börner, W./Schnellhardt, G.:
   Multimedia, 1992, te-wi Verlag Gmbh, München, S. 24

3) Rock, Reinhard/Rosenthal, Klaus:
Marketing = Philosophie, Peter Lang Verlag, Frankfurt, Bern,
New York, 1986, S. 119ff
4) vgl. Backhaus, Hagen:
Interaktives Multimedia-Marketing: ASKOT – ein Touris-
musbeispiel, in: Arnold, U./Eierhoff, K.: Marketingfocus:
Produktmanagement, Stuttgart 1993, S.215ff
5) Kroeber-Riel, Werner:
Informationsüberlastung durch Masenmedien und Werbung
in Deutschland, DBW – Die Betriebswirtschaft, 47, Nr. 3, S.
257-264, 1987
6) Ulrich, Peter:
Kommunikative Rationalisierung – ein neuer Rationalisierungstyp jenseits der technikgestützten Systemsteuerung –
Zur Entwicklungslogik betriebswirtschaftlicher Rationalisierungsmuster; in: Rock, R./Ulrich, P./Witt, F. (Hg.): Strukturwandel der Dienstleistungsrationalisierung; Frankfurt/M./
New York 1990; S. 242 und Lutz Becker: Integrales Informationsmanagement als Funktion einer marktorientierten
Unternehmensführung, Josef Eul-Verlag, Bergisch Gladbach,
Köln, S. 263 ff

Literatur:

Backhaus, Hagen:
Interaktives Multimedia-Marketing: ASKOT – ein Touris-
musbeispiel, in: Arnold, U./Eierhoff, K. (Hg.), Marketingfocus:
Produktmanagement, Schäffer-Poeschel Verlag, Stuttgart
1993, S. 215ff
Backhaus, Hagen/Glomb, Herbert J.:
Interaktive Absatzsysteme – Multimedia im Marketing, Ar-
beitspapiere des Fachbereichs Wirtschaftswissenschaft der
Uni Wuppertal, Nr. 166, Wuppertal 1994
Becker, Lutz:
Integrales Informationsmanagement als Funktion einer
marktorientierten Unternehmensführung, Verlag Josef Eul,
Berg. Gladbach, Köln, 1994

Börner, W./Schnellhardt, G.:
Multimedia, 1992, te-wi Verlag Gmbh, München
Knoll, J. A.:
Das multimediale Museum, In: Lehmann, R. G. (Hrsg.), Corporate AV – Sonderausgabe Medienreport – AV – Branche, Waiblingen,1993, S. 42-46
Kroeber-Riel, Werner:
Informationsüberlastung durch Massenmedien und Werbung in Deutschland, DBW – Die Betriebswirtschaft, 47, Nr. 3, S. 257-264, 1987
Rock, Reinhard/Rosenthal, Klaus:
Marketing = Philosophie, Peter Lang Verlag, Frankfurt/M, 1986
Ulrich, Peter:
Kommunikative Rationalisierung – ein neuer Rationalisierungstyp jenseits der technikgestützten Systemsteuerung – Zur Entwicklungslogik betriebswirtschaftlicher Rationalisierungsmuster; in: Rock, R./Ulrich, P./Witt, F. (Hg.): Strukturwandel der Dienstleistungsrationalisierung; Frankfurt/M./ New York 1990;

Bildungslogistik – Qualifikationskonzepte für effizientes Marketing

Erika Mann/Johannes Ehrhardt

Dipl.-Päd. Erika Ch. Mann, Beraterin, Wissenschaftlerin, Politikerin, ist Mitglied des Europäischen Parlaments und Leiterin des Instituts für philosophische Forschung, Kultur und Technologie (philtec) in Bad Gaudersheim.

Prof. Dr. Johannes Ehrhardt ist Leiter des Lehrgebiets Bildungstheorie und der Forschungsstelle Communication Culture Research CCR der Universität Hannover.

■ *Wir befinden uns in einem grundlegenden Paradigmenwechsel, dessen Kern im Übergang von Wertschöpfungsketten zu Wertschöpfungsnetzen liegt.*

■ *Die innovative Tätigkeit liegt in der rasanten Entwicklung von Informations- und Kommunikationstechnologien. Die klassischen streng fixierten Organisationsformen verleiren an Bedeutung und werden zu Fessel.*

■ *Bildungslogistik ebnet den Weg zur effizienten Marketingorganisation in komplexen und hochgradig diversifizierten Marktzusammenhängen.*

Der atemberaubende Wandel der Rahmenbedingungen und seine Folgen

Wir leben in einer Zeit eines schnellen, grundlegenden und umfassenden, eines wahrhaftig atemberaubenden wirtschaftlichen, politischen und kulturellen Wandels. Dieser Wandel fordert von jedem Unternehmen und von jedem Einzelnen eine große Anpassungs- und Planungsleistung. Hierfür eine systematische Grundlage zu geben, ist die Aufgabe der Bildungslogistik.

Die zunehmende Integration der regionalen Märkte in den globalen Wettbewerb, die zeitliche Verkürzung der Produktionszyklen, die weitgehende Automatisierung vieler Produktions- und auch Dienstleistungsbereiche und die Differenzierung der Kundenerwartungen verändern progressiv die gesamte wirtschaftliche Landschaft. Diese Umbrüche haben auf den ersten Blick widersprüchliche Folgen:

■ einerseits erfordert der unter diesen Rahmenbedingungen steigende Kommunikations-, Verkehrs- und Energiebedarf große wirtschaftliche Einheiten und auf globale Zusammenhänge reagierende Konzerne mit starker Finanzkraft, damit die notwendigen Infrastrukturen aufgebaut, unterhalten und gemanagt werden können,

■ andererseits erfordern die sich progressiv segmentierenden Märkte kleine, flexible Einheiten, die schnell auf veränderte Bedürfnisse und damit Marktkonstellationen reagieren können und dabei zugleich innovative Möglichkeiten für neue Angebotsfelder entwerfen.

Doch dieser Widerspruch zwischen groß und klein, systemabhängig und flexibel, visionär und reaktiv enthält eine positive Spannung. Die kleinen, innovativen Einheiten können

■ ihre kooperative Arbeitsgestaltung,

■ ihre prozeßorientierte Wissensentwicklung und

■ ihre ergebnisbezogenen Lernformen

nur auf der Grundlage der umfassenden Infrastrukturangebote der großen Einheiten entwickeln.

Diese Abhängigkeit der großen Unternehmen von den kleinen Anbietern bezieht sich auf:

■ *forschungsintensive Innovationen:*
so sind wesentliche Innovationsschübe im Bereich der Parallelrechner nicht von großen Firmen wie IBM oder Siemens ausgegangen, sondern von Kleinunternehmen wie dem Aachener start-up Parsytec

■ *die technisch- inhaltsbezogene Gestaltung:*
„Interaktives Fernsehen" ist das buzz-word der Giganten wie TimeWarner und Bertelsmann. Verwirklicht wird es in Deutschland von dem kleinen non-profit-Unternehmen PONTON European Media Art Lab Hannover, das, nach einem Experiment auf der Dokumenta, interaktives Fernsehen in virtuellen Räumen künstlerisch und technisch realisiert

■ *auf Angebot neuer Dienste:*
die vor allem von kleinen und kleinsten Mehrwertdienstanbietern aus dem Umfeld des Internets und der Mailboxszenen entwickelt werden, selten von den Großen – Spezialanbieter wie SWIFT, der international führende Mehrwertdienstanbieter im Finanzbereich, der sich in den letzten Jahren als sehr innovativ erwiesen hat, sind eine Ausnahme.

Anders betrachtet können die großen Infrastrukturanbieter

■ ihre komplexen Markbezüge,

■ ihre globalen Forschungs- und Enwicklungsarbeiten,

■ und ihre Kooperations- und Koordinationsleistungen

nur in dem Maß realisieren, wie sie von den kleinen Anbietern entsprechend „gefüttert" werden. Dies gilt besonders deutlich für den gegenwärtig an der Spitze der Wirtschaftsentwicklung stehenden Bereich der Kommunikation und Information. Die Infrastrukturanbieter haben keine Wahl, sie müssen schlagkräftig organisiert sein, sie sind gezwungen, sich mit großen Finanzmitteln auszustatten und sie müssen immer technisch an der Spitze der in diesem Bereich sehr schnellen Enwicklung stehen.

In den letzten Jahren haben die Großen der Branche sehr wohl ihre Abhängigkeit – you can't do it alone – erkannt. Sie kaufen sich nicht nur im Vollzug ihrer Konvergenzpolitik, die Produzenten der Programmangebote (so kauft z.B., um nur an die prominentesten Beispiele zu erinnern, Sony Columbia, Matsushita MCA, Bertelsmann RCA und Viacom Paramount) und bilden eine unendliche Anzahl von Allianzen vor allem in den Bereichen Forschung, Entwicklung und Marketing.

Wenn man diese Entwicklung mit derjenigen in der Luftfahrtindustrie vergleicht, wird deutlich, daß es sich hier um grundlegende Problembewältigungsstrategien von Infrastrukturanbietern handelt. Die Großen der Kommunikationsbranche machen darüber hinaus aus kleinen, innovativen start-ups durch gemeinsame Investitionsspritzen oder Beteiligungen in Unternehmen wie 3DO (interaktive disc player) oder General Magic (kommunikationsbezogene Benutzeroberflächen) faktisch Joint Ventures, die ihnen Innovationen zuliefern.

Im Rahmen dieser Spannung zwischen groß und klein vollzieht sich der für das Marketing entscheidende „Koevolutionsprozeß von Unternehmen und Markt, der im Rahmen einer kontinuierlichen Prozeßanpassung und -optimierung organisatorisch umgesetzt werden sollte." (Becker 1994 b, S.18) In diesem Koevolutionsprozeß haben sich die Marktstrukturen in den letzten Jahren von großen Märkten, die vom Angebot geprägt waren, zu komplexen, diversifizierten, patchworkartigen Marktzusammenhängen entwickelt. Lutz Becker faßt diese Veränderung in ein passendes Bild: „Wie in einem sich immer schneller drehenden Kaleidoskop bilden und lösen sich Marktkonfigurationen."

Die wesentliche Triebkraft dieser Veränderungen liegt in den rasanten Entwicklungen der Kommunikations- und Informationstechnologien, die uns auf den Weg in die Informationsgesellschaft führen, wie sie in dem Weißbuch der europäischen Kommission (EU 1993) beschrieben und als Lösung der Wachstumskrise der Wirtschaft vorgestellt wurde. Die Dynamik dieser Entwicklung ist von der Konvergenz (Ehrhardt 1993) der Kommunikationsformen und der die kommunikationstechnologischen Möglichkeiten produzierenden Industrien bestimmt.

Konvergenz (vgl. dazu auch IUT 1994) bedeutet erst einmal ganz allgemein das Zusammenlaufen, das Sich-Ineinanderschieben der bisher weitgehend getrennten Bereiche der Telekommunikation, der Computer und der Radio- und Fernsehübertragung.

Dabei handelt es sich um eine technische Konvergenz, eine funktionale Konvergenz, eine Schnittstellenkonvergenz und eine unternehmensstrategische Konvergenz, die wechselseitig verstärkend wirken.

Die *technische Konvergenz* beruht auf der allgemeinen Digitalisierung, die, von der Computerentwicklung ausgehend, zunehmend auch die anderen Bereiche prägt. Sie bestimmt wie Informationen vermittelt werden. In dem Maße, in dem auch die Telekommunikation und die Radio- und Fernsehübertragung digitalisiert werden, können sie technisch, nicht unbedingt von den Unternehmenskulturen her gesehen, zu einer Industrie zusammenwachsen. Dies gilt im weiteren auch für Bereiche wie das Verlagswesen, die Konsumelektronik, die Musik- und Unterhaltungsindustrie, Werbung, Filmstudios, für Nachrichten- und Wirtschaftsinformationsdienste bis hin zu elektronischen Börsen, wie das Beispiel des Nachrichtendienstes Reuters, der sich hier engagiert, beweist. Aber die technische Möglichkeit ist selbst an der Spitze des technischen Fortschritts nicht alles.

Die *funktionale Konvergenz* bezieht sich auf die Bahnen, über die Dienste konsumiert werden. Über Telekommunikationsnetze, die bisher nur spezielle Datenpakete , z.B. Geschäftsdaten, etwa für EDI (EDI= electronic data interchange, der systemunabhän-

gige Austausch formatierter Daten und Informationen zwischen
Unternehmen) oder Wissenschaftsdaten, etwa für die Teilchen-
physik, transportiert haben, können, bei wachsender Bandbreite
und bei gleichzeitig verbesserten Kompressionstechniken ohne
weiteres auch für Werbung, für Unterhaltung, für die Erziehung
und nebenbei noch für die persönliche Kommunikation benutzt
werden. Dies ist das Thema der Datenautobahnen oder Information Highways, bzw. in Hollywood-speak Superhighways, auf
die wir (Mann/Ehrhardt 1994b) an anderer Stelle eingegangen
sind.

Die *Schnittstellenkonvergenz* wird in einigen Jahren die für den
allgemeinen Konsumenten auffälligste Seite der Konvergenz sein.
Sie bedeutet, daß der Computer, besonders der Laptop, noch
stärker zum Kommunikationsmedium wird, zum Anknüpfungs-
punkt für das Navigieren in Netzwerken, über den man tele-
phoniert, faxt, E-Mail verschickt, Daten überträgt und mit anderen
spielt. Zugleich wird auch der Fenseher zum interaktiven Medium
und das Telephon wird zu einer komplexen Andockstation und
Schaltstelle. Dies bedeutet nicht, obwohl es technisch machbar
wäre, das alle in ein Gerät intergiert werden, denn dies würde
unnütze Fesseln für den praktischen Gebrauch erzeugen. Die
Entwicklung zielt stattdessen auf ein modulares System, das den
Aufbau der den jeweiligen Bedürfnissen entsprechende, komplexe
Kommunikationsschnittstelle ermöglicht.

Die *unternehmensstrategische Konvergenz* ergibt sich, unabhängig von den Versuchen der Kooperation zwischen Staat und
Wirtschaft, dominant aus finanzpolitischen Gründen. Wer im
Kommunikationssektor mithalten will, muß an der Spitze der
technisch-wirtschaftlichen Entwicklung stehen. Jeder Schritt der
Weiterentwicklung – man betrachte nur die Chipentwicklung und
den Netzwerkaufbau – ist so komplex und so teuer geworden, daß
sie die personellen und finanziellen Ressourcen auch der aller-
größten Unternehmen zu überschreiten droht. Zugleich sinken
die Gewinnmargen. Diese Schere treibt die Unternehmen zum
Zusammengehen, um so gemeinsam die Früchte der technischen
und funktionalen Konvergenz zu ernten, denn kein Unternehmen,
nicht einmal AT&T, könnte sie allein einsammeln.

Unternehmen müssen auf diese Veränderungen reagieren und ihre strukturelle Anpassung planvoll vollziehen. Die grundlegende Verschiebung läßt sich als Übergang von hierarchischen, auf Zuständigkeitsdenken und starre Prozeßabfolgen fixierten Strukturen zu eigenverantwortlichen, lösungsbezogenen, kundenorientierten Formen kooperativer Mehrwertschöpfung beschreiben. Dieser Übergang ist geprägt von intensiven gemeinsamen Lernprozessen. Es ist Aufgabe der Bildungslogistik, für diese Formen ergebnisorientierten Lernens klar strukturierte, zielgerichtete, unternehmensspezifische Lösungen anzubieten.

Real-time, Gleichzeitigkeit ist der Maßstab unserer Zeit

Die Zeitperspektive des real-time bestimmt die wirtschaftlichen Prozesse, die Erwartungen dem Markt gegenüber und von daher auch die kulturellen Erwartungen in Bezug auf praktische Handlungsfolgen. Die Real-time-Erwartung ist keine Tischlein-deck-dich-Vorstel-lung. Wenn die Firma A ein auf ihre Bedürfnisse zugeschnittenes Produkt X von der Firma B bestellt, so wird nicht erwartet, daß es sofort aus dem Hut gezaubert wird. Wohl aber, daß keine langwierige Abfolge von Einzelschritten in Gang gesetzt wird, sondern daß eine schnelle, produktorientierte, dynamische Systementwicklung konfiguriert wird , innerhalb derer verschiedene Prozesse parallel ablaufen. Je komplexer das Produkt ist und je schneller die Ergebnisse erwartet werden, eine um so größere Zahl weiterer Partner werden B und auch A heranziehen.

Die sich gegenwärtig immer stärker herauskristallisierende Erwartung zielt also darauf, daß Angemessenheit, Komplexität und Qualität durch erweiterte Kooperationszusammenhänge und durch verstärkte Koordination erreicht werden, nicht durch zeitliche Streckung. So hat z.B. Motorola für sein 3,37 Milliarden Dollar teures Iridium-Projekt, bei dem bis 1998 73 Satelliten in den Weltraum geschickt werden sollen, um ein weltweites Netzwerk für Telephon-, Fax-, Paging- und Datenaustauschdienste anbieten zu können, mit vielen Software-Häusern, Telekom-Gesellschaften, Zulieferern für Satelliten zusammengearbeitet und sogar als erste westliche Firma einen Vertrag mit dem russischen Weltraumkonzern Khrunichev, der 21 der 73 Satelliten in die Umlaufbahn schicken soll, abgeschlossen.

Schon aus dem simplen A-B Beispiel lassen sich, ausgehend von der verallgemeinerten Kundenorientierung, einige grundlegende Merkmale der sich durchsetzenden Marktzusammenhänge ableiten:

■ Ergebnisorientierung,

■ kommunikativ gestaltete Kooperation,

■ Sytementwickluung,

■ Prozeßorientierung,

■ systematische Koordination,

■ Parallelorganisation,

■ modulare Strukturen und

■ Konfigurationsstrategie

Vergleicht man diese Liste mit der in Europa noch vorherrschenden Produktions- und Marketinglandschaft, so wird deutlich, daß wir uns inmitten eines grundlegenden Paradigmenwechsels befinden.

Der Kern dieses Paradigmenwechsels liegt im *Übergang von Wertschöpfungsketten zu Wertschöpfungsnetzen*. Dieser Paradigmenwechsel vollzieht sich durch die verallgemeinerte Operationalisierung neuer Formen der Wissensproduktion und der Umsetzung der Informations- und Kommunikationstechnologien im Wirtschaftsleben.

In einem gesunden Unternehmen gibt es keinen Gegensatz zwischen den beiden grundlegenden Prozeßebenen, wohl aber eine unvermeidliche Spannung. Diese Spannung ergibt sich schon aus dem unterschiedlichen Denk- und Handlungsstil der beteiligten Personen, nicht nur aus der organisatorischen Zuordnung. Die operationalen Prozesse sind in ihrem Zugang darauf angelegt, in Richtung auf eine ingenieursmäßige Systemstrukturierung verbessert zu werden. Die unterstützenden Prozesse zielen eher darauf ab, Ressourcen durch interpersonelle Kontakte in ökonomische und kulturelle Handlungsabläufe zu überführen. Beide Seiten sind gleich notwendig, sind aufeinander angewiesen und können nur gemeinsam den Erfolg am Markt sichern.

Die Triebkraft des augenblicklich sich vollziehenden paradigmatischen Umbruchs geht von den intervenierenden Prozeßeinflüssen (also von den von der Seite kommenden Pfeilen im Schema auf Seite 168) aus. In ihrer wechselseitigen Verstärkung haben sie eine Hebelfunktion der wirtschaftlichen Strukturveränderung. In dieser Hebelfunktion verbinden sich strukturell – und zwar sowohl in den neuen Formen der Wissensproduktion, in den neu sich entwickelnden Ausprägungen der allgemeinen Logistik als auch in den wirtschaftsbezogenen Applikationen der Informations- und Kommunikationstechnologie – kulturell-weiche mit systemisch -harten Innovationspotentialen. Die Bildungslogistik verstärkt und kanalisiert diese Verbindung und schafft damit wesentliche Voraussetzungen für die Entwicklung von ergebnisbezogener Innovation.

Durch die Aktivierung des Spannungsfeldes zwischen den operationalen und den unterstützenden Prozessen wird einerseits das Marketing zum Schlüsselbezugssystem aller Prozeßzusammenhänge des Unternehmens und andererseits erhalten die weichen, unterstützenden Managementaufgaben wie die Verteilung des Wissens und die Entwicklung der Humanressourcen, aber vor allem natürlich der geplante Einsatz der finanziellen und materiellen Ressourcen ein verstärktes Gewicht.

Der Kern des allgemeinen Paradigmenwechsels, der Übergang von den klassischen Wertschöpfungsketten zu Wertschöpfungs-

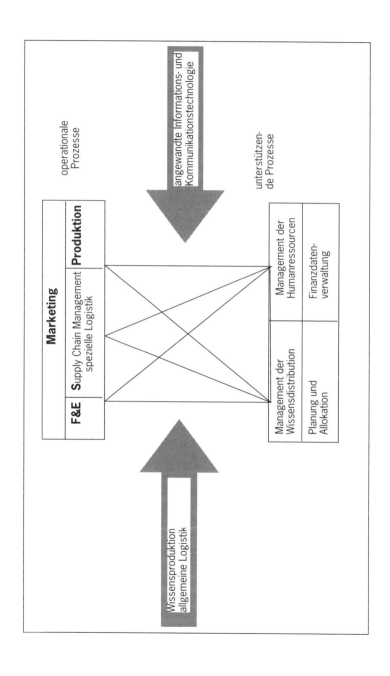

netzen ist die Bedingung der Notwendigkeit der Bildungslogistik und bestimmt ihre Aufgabe und Struktur.

■ Die Bildungslogistik hat eine Klammerfunktion, indem sie die unabwendbare Spannung zwischen der formalen Seite, dem Engineering-Teil, der operationalen Prozesse und dem humanen, wissensbezogenen und daher auch kulturellen Teil der unterstützenden Prozesse systematisch in ein integrales Strukturmuster überführt. Sie macht die Spannung in den Beziehungen zwischen den beiden Prozeßebenen selbst zum Lernprozeß. Die Bildungslogistik stellt daher auch eine konzeptionelle Klammer für Einzelansätze wie Lean, JIT und TQM dar. Reengineering ist dagegen im Rahmen der Bildungslogistik eine logische Dimension, kein Einzelansatz.

■ Die Bildungslogistik hat eine Funktion der Verlaufsgestaltung. Sie strukturiert Abläufe, die Lernen implizieren. Dies wird durch die verstärkt wissensbasierte Weiterentwicklung des Zusammenhangs von Forschung/Entwicklung und Produktion und durch die Schlüsselfunktion des Marketing immer wichtiger. Indem die Bildungslogistik die Erfordernisse der allgemeinen Logistik in unternehmensspezifische Verlaufsformen von interaktiven Lernprozessen überführt, schafft sie die Grundlage dafür, daß mit der systematischen, gezielten Entwicklung der Humanressourcen die Wissensarbeit auf eine dem Unternehmensziel angemessene Basis gestellt wird. Die Bildungslogistik ist so gesehen die dynamische Applikationsdimension der allgemeinen Logistik. Sie überführt die spannungsreichen Elemente der grundlegenden operationalen und unterstützenden Unternehmensprozesse in dynamische, menschlich bestimmte Verlaufsformen, die dem einzelnen logisch nachvollziehbar erscheinen und in deren Rahmen er seinen Beitrag und seine Entwicklungsmöglichkeiten klar erkennen kann.

■ Die Bildungslogistik hat durch ihren Querschnittcharakter und durch ihre strukturelle Dynamik den Effekt, Innovationen anzustoßen. Der Querschnittscharakter bedeutet, daß ihr Ansatz grundsätzlich die realen, auf konkrete gemeinsam bestimmte Ergebnisse/Prozesse aufgreift und die in ihnen enthaltene Lernorientierung unterstützt.

Ergebnisbezogene Bildungsprozesse sind kreative Prozesse. (Schulische Bildungsprozesse stellen leider in der Regel das Gegenteil dar, weswegen es uns auch wenig sinnvoll erscheint, schulähnliche Bildungsveranstaltungen in das Betriebsleben integrieren zu wollen). Die prozeßbezogene, kooperative Konzentration unterschiedlicher, hochentwickelter Kompetenzen erzeugt aus ihrer inneren Dynamik heraus neue Formen der Wissensarbeit, die Bildungsprozesse implizieren! Diese müssen dann nur noch aufgegriffen, ergänzt und in der richtigen Weise an die richtigen Personen verteilt werden.

Im Zusammenspiel dieser drei Grundfunktionen werden bedarfsangemessene Qualifikationen in systematischen Prozeßabläufen aufgebaut. Der Vorteil dieser Form des Aufbaus von betrieblichen Qualifikationsstrukturen im Rahmen systematischer bildungslogistischer Verlaufsgestaltung ist, daß die Effizienz nicht nach fremden Kriterien bestimmt wird, sondern sich nach der inneren Logik der Prozeßinterdependenzen entwickelt.

Dies ist für Marketingzusammenhänge besonders wichtig, da es bei ihnen letztlich immer auf humane Relationen, nicht auf formale Prozeßstimmigkeit ankommt.

Die dynamische, auf konstantes Lernen gerichtete Interdependenz der operativen und der unterstützenden Prozesse im Unternehmen wird progressiv zur Bedingung des wirtschaftlichen Erfolgs. Er richtet sich dann auch nach außen und bestimmt das Marketinggeschehen. Deshalb geht unserer Meinung nach eine alternative Diskussion zwischen den Merkmalen, die primär die operationalen bzw. die unterstützenden Prozesse kennzeichnen, wie sie im Augenblick z.B. in den USA zwischen den Vertretern innovativer, kulturell orientierter Managementansätze und den strikten Vertretern der shareholder-value-Orientierung stattfindet, auch an der strukturprägenden Kraft dieses Paradigmenwechsels vorbei, denn die Spannung ist die Grundlage für die innovative Kraft der Unternehmen.

Die oben beschriebene Konvergenz, die sowohl die Wissensproduktion als auch die Einsatzmöglichkeiten der Informations- und
Kommunikationstechnologien prägt, erweist sich also als der
wichtigste Rahmen des Wandels. Die besten amerikanischen
Beratungsgesellschaften versuchen, eine gezielte Operationalisierung der in dieser Spannung ermöglichten Systemdynamik für
die Erneuerung der Unternehmen einzusetzen. Dieser Ansatz ist
der Kern dessen, was die Amerikaner Change Management
nennen. Reengineering kann als abgespeckte, methodisch fixierte
Variante davon für einige Ebenen der Veränderungsprozesse
nützlich sein, keineswegs aber als Allheilmittel.

Im Rahmen der durch die Auswirkungen der Konvergenz er-
schlossenen generischen Möglichkeitshorizonte verlieren im dynamischen Spannungsfeld zwischen den operationalen und den
unterstützenden Prozessen die klassischen, streng fixierten Or-
ganisationsstrukturen progressiv ihre Relevanz. Sie werden durch
wissensbezogene, lernintensive kooperative, sich in übergreifenden, ergebnisorientierten Einheiten organisierenden Arbeitsprozesse ersetzt. Die organisatorische Kernstruktur solcher
Prozeßzusammenhänge wird durch die temporäre Realisierung
der Angebote unterschiedlicher virtueller Organisationen gebil-
det.

Die neuen Strukturen sind dominant relational, virtuell, wis-
sensbezogen und bilden dementsprechend neue Formen der Arbeit. Die Aufgabe der neuen Strukturen ist es, sich diesen neuen
Arbeitsformen anzupassen, nicht umgekehrt.

Starre Strukturen werden zur Fessel. Deshalb ist die Virtualität
entscheidend, d.h. die System- und Prozeßbildungspotenz entscheidet, nicht die Ansammlung vorgehaltener organisatorisch
gebundener Ressourcen. Das Wissen bildet sich im kooperativen
Bezug der aktiven Ressourcen auf ergebnisorientierte Prozesse.
Für diese Art marktbezogener Wirtschaftseinheiten – es können,
aber müssen nicht unbedingt formaljuristisch Unternehmen sein
– steht deshalb das Lernen (vgl. Schema auf Seite 173) notwendig
im Zentrum. Das Lernen steht notwendig im engen Zusammenhang mit der kooperativen, ergebnisorientierten Wissenspro-

duktion, so daß logischerweise nur ein kleiner Teil des Lernens als primär hierzu organisierter Lernprozeß abläuft.

Das gezielte Lernen geht den wissensbezogenen Lernprozessen voraus, begleitet sie und ist dann, als gezielte Wissens- und Kompetenzvermittlung, Teil der Kooperation. Das Unternehmen wird in zentralen Prozeßzusammenhängen selbst zur Lernenden Organisation, wie sie z.b. von Dorothy Leonard-Barton am Beispiel des texanischen Stahlkochers Chaparral beschrieben wird (Leonard-Barton 1994). Die Aufarbeitung in Prozessen des Teamlernens und in individuellen Lernformen stellt dann den zentralen Fundus des Angebotshorizonts der virtuellen Organisation dar. (Die im gegenwärtigen öffentlichen Bildungswesen vorherrschenden Lernformen stellen leider eher eine Sperre gegenüber den neuen, hier skizzierten Formen des Lernens dar.)

Die reiche Fülle neuer Ideen und Produktperspektiven, die bei solchen Lernprozessen im Wechselspiel zwischen Virtualität und Realisierung entstehen, muß für alle Beteiligten leicht zugänglich festgehalten werden. Hierfür eignet sich besonders gut ein Client-Server-System, wie es von der Digital Equipment Corporation (DEC) in dem Projekt ECNet verwirklicht wurde. Das Client-Server-System ist nicht nur sparsamer und flexibler als die alten Main-frame-Architekturen, es schmiegt sich auch den neuen Formen der Wissensarbeit besser an, da es den Zugriff auf die Wissensbestände und den Vollzug der Kooperation erleichtert. Das gemeinsam von Digital und der Arizona State University entwickelte Projekt ECNet verbindet Hersteller und Zulieferer im Gebiet von Phoenix, Arizona. In ihm werden vom Hersteller Produktionsinformationen, Trainingsmaterialien, Broschüren und andere Daten in einem zentralen Server gesammelt, der von den Zulieferern frei angezapft werden kann. Die beteiligten Unternehmen können Präsentationen machen, Zeichnungen gemeinsam bearbeiten und Treffen organisieren und damit ihre Kooperation massiv verbessern. In der Perspektive der allgemeinen Marketingorientierung existiert das Unternehmen als ein integrales Element des Marktes, nicht als Einheit die ihm gegenübersteht. Im Hinblick auf die marktbezogenen Lernprozesse stellen sich Fragen :

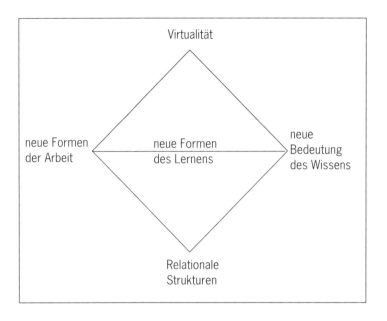

nach dem Marketingumfeld:
Wo können wir unsere Produktentwicklungsvorstellungen und
unsere Systembildungskompetenz in übergeordnete kooperative
Prozesse einbinden und dabei auch selbst etwas dazulernen?

nach den Marketingformen:
Wie können wir potentielle Kunden erreichen und sie vom Nutzen
der Kooperation mit uns überzeugen?

nach der Marketingbegründung:
Mit jedem Produkt biete ich auch eine Lebens- und Arbeitsform
an; deshalb stellt sich mit der Frage: „Warum bietet mein Unternehmen ein Produkt und einen Produktionsprozeß an?", immer
auch die Frage nach einer gemeinsamen pragmatischen Vision.

Literatur:

Becker, L. (1994 a):
Integrales Informationsmanagement als Funktion einer marktorientierten Unternehmensführung. Bergisch-Gladbach: Eul.,

Becker, L. (1994 b):
Integrales Informations-Management. In: GABLERS MAGAZIN 3/1994, S. 18-22

Ehrhardt, J. (1992), (Hrsg.):
Netzwerk-Dimensionen. Kulturelle Konfigurationen und Management-Perspektiven. Bergheim: DATACOM.

Ehrhardt, J. (1993):
Artikelserie Integrale Kommunikation. 1. Globalisierung und Konvergenz. DATACOM H.2/1993.

Ehrhardt, J. (1994):
Data Highway EDI, The Business Side of the Emerging Information Superhighway. In: Retail Information Technology, The European Group 1994.

EU-Kommission der Europäischen Gemeinschaften (1993):
Wachstum, Wettbewerbsfähigkeit, Beschäftigung, Weißbuch. Bulletin der EG, Beilage 6/1993.

ITU – International Telecommunication Union (1994):
World Telecommunication Development Report. Genf: ITU.

Leonard-Barton, D. (1994):
Die Fabrik als Ort der Forschung. In: Harvard Business Manager, 1/1994.

OECD (1993):
Communications Outlook. Paris: OECD.

philtec (1994):
Betriebliche Wissensarbeit und kollektive Lernfreude, (J.E.).philtec discussion papers 2/1994.

Mann, E. & Ehrhardt, J. (1994a):
Bildungslogistik. In: GABLERS MAGAZIN 6-7/1994, S. 72-74

Mann, E. & Ehrhardt, J. (1994b):
Die Information Highways und die Intelligenten Netze. In: DATACOM 5/1994.

Marketing-Effizienz und Unternehmenskultur – Ein Widerspruch in sich?

Peter Bromann

Dr. Peter Bromann, Unternehmensberater, war bei der Kienbaum-Unterneh-mensberatung verantwortlich für die Management-Beratung mit den Schwerpunkten Organisation und Informationsverarbeitung. Von 1988 - 1992 war er Mitglied der Geschäftsleitung in der Vorwerk-Gruppe, Wuppertal. Im Mittelpunkt seiner Tätigkeit standen die Neugestaltung der Organisation und der Informationssysteme sowie Aufgaben des Veränderungsmanagements.

■ *Die „Lean-Beispiele" beweisen, welche Chancen zur Steigerung der Marketing-Effizienz heute gegeben sind!*

■ *Große Effizienzpotentiale lassen sich durch eine strategische Neuorientierung, Straffung der Strukturen, eine effektivere Führung sowie Prozeßreorganisation erschließen!*

■ *Marketing-Effizienz stellt deutliche Anforderungen an die Unternehmenskultur: Die kulturelle Unternehmensentwicklung erhöht deshalb langfristig wesentlich den Unternehmenserfolg!*

Ansatzpunkte für eine höhere Marketing-Effizienz

Der „Lean-Ansatz" für Marketing/Vertrieb

Ein richtig verstandenes „Lean-Management" hat wenig zu tun mit dem „Lean-Aktionismus" im Sinne von kurzfristigen Rationalisierungsprogrammen. Vielmehr steht hier die langfristige Effizienz, d.h. die Leistungsseite des Unternehmens mit den Nutzen- und Kostengrößen im Brennpunkt!

„Lean" bedeutet damit schlanker, fitter und besser werden zu wollen – für viele Unternehmen heute ein existentielles „Müssen".

Denn weniger Neukunden, eine geringere Treue der Stammkunden, zurückgehende Umsätze bei verstärkten Marketing-Leistungen und vielfach unter Druck geratene Preise führen eben zu sinkenden Ergebnissen und Renditeeinbrüchen. Hierbei sind die Kosten von Marketing/Vertrieb von z.B. 25 Prozent für sich gesehen für ein Unternehmen zwar wichtig, entscheidend für den Unternehmenserfolg ist aber die Wirkung des Marketing. Denn der Einfluß auf den Absatzerfolg, die Konsequenzen von Produktmarketing auf die Entwicklungs- und Fertigungskosten haben einen vergleichbar größeren Anteil am Unternehmensergebnis. Die „Lean-Ansätze" können die Marketing-Effizienz nennenswert erhöhen, indem marktbezogenen Leistungen des Unternehmens

- schneller,

- qualitativ besser,

- kostengünstiger und

- flexibler

erbracht werden. Hierbei sind die inhaltlichen Lösungen oft nicht neu, doch brachte die Übertragung der Erfahrungen mit „Lean-Production" – insbesondere auch in japanischen Unternehmen

– zusätzliche Impulse für ander Unternehmensbereiche. Was vor allem in der Praxis überzeugt, ist die umfassende, konsequente Veränderung der Unternehmen: Dies betrifft Einstellungen und alte Glaubenssätze (z.b. von manchen Marktführern: „Wir sind die besten"); Ziele und Strategien, Strukturen, die Unternehmenskultur sowie die Auswirkungen auf die betrieblichen Ressourcen. Nicht zuletzt wird aber die heute so wichtige Fähigkeit zu schnellen, zielorientierten Handeln gestärkt.

10 Grundsätze zur nachhaltigen Steigerung der Marketing-Effizienz

Die allgemeinen, für alle Unternehmensbereiche gültigen „Lean-Grundsätze" zeigen, daß die Verwirklichung von nachhaltigen Effizienzsteigerungen vielfach von Voraussetzungen in der Unternehmenskultur abhängt. In Fallbeispielen wird anschließend die Umsetzung dieser Grundsätze in die betriebliche Unternehmenspraxis dargestellt.

Grundsatz 1: Die Kundenorientierung konsequent verfolgen
= Ausrichtung auf die Bedarfe der Leistungsempfänger/Kunden, entsprechende Anpassung und Weiterentwicklung des eigenen Angebotes.

Grundsatz 2: Auf Kernkompetenzen konzentrieren
= Tätigkeiten mit werterhöhender und präferierender Wirkung favorisieren.

Grundsatz 3: Spitzenleistungen anstreben
= Marketing und die interne Leistungsqualität dem Anspruch einer stetigen Effizienzverbesserung aussetzen.

Grundsatz 4: Kontrolle der kostentreibenden Faktoren
= Überwachung und gegebenenfalls Reduzierung der durch Strategie (z.B. Kunden/Produkte), Struktur (z.B. Niederlassungen,

Funktionen) und Abläufe verursachten Kosten (z.B. durch Prozeßkostenrechnung).

Grundsatz 5: Geschäftsprozesse optimieren
= Management-Prozesse und operative Prozesse über Abteilungs- und Firmengrenzen hinweg verbessern.

Grundsatz 6: Komplexität vermeiden/abbauen
= teure und fehleranfällige Lösungen durch einfache (z.B. dezentrale, unter Reduzierung der Arbeitsteilung) ersetzen.

Grundsatz 7: Standards einführen
= in allen Bereichen für die Leistungserbringung und Organisation Standards als Maßstab (u.a. durch Systemunterstützung) aufstellen.

Grundsatz 8: Ressourcenverschwendung vermeiden
= bestimmte Fehlleistungen durch Analyse und Vereinbarung aller Betroffenen zukünftig ausschließen.

Grundsatz 9: Teamarbeit fördern
= Zusammenwirken auf allen Ebenen (von der Unternehmensleitung bis zur Basis) verbessern.

Grundsatz 10: Verbesserungen direkt und dauerhaft realisieren
= sofortige Umsetzung von Vorschlägen und permanentes Arbeiten an positiven Veränderungen.

Im weiteren werden für die Felder Strategie, Struktur, Führung und Prozesse aktuelle Beispiele aus Industrie und öffentlicher Verwaltung skizziert.

Fallbeispiele: Strategische Neuorientierung

Den größten Einfluß auf die Effizienz eines Unternehmens haben die strategischen bzw. konzeptionellen Grundentscheidungen, z.B. über das Leistungsprogramm/-tiefe, Marktfelder, Standorte, Vertriebssystem etc. Sie bestimmen weitgehend die Organisa-

tionsstruktur und Geschäftsabläufe und damit auch die Kosten-
situation.

Ein deutscher Hersteller von Elektrogeräten für Haushalte und
gewerbliche Küchen kam Anfang der 90er Jahre unter erheblichen Preis- und Kostendruck. Die Markt- und Kostenanalyse be-
stätigte, daß angesichts der internationalen Wettbewerbssituation
es wenig sinnvoll war, die Marktsegmente Haushalte und ge-
werblicher Bereich parallel zu bedienen. Sowohl in der Produktentwicklung als auch in der Vertriebsorganisation gab es zuwenig
Synergie-Effekte.

Man konzentrierte sich deshalb auf die Haushalte (siehe Grundsatz 2 und 3) und baute innerhalb von 2 Jahren den gewerblichen
Bereich fast vollständig ab. Bei einem um 20 Prozent niedrigeren
Umsatz konnte schon in 3 Jahren das Betriebsergebnis wieder
gesteigert werden.

Die gefestigte Unternehmenskultur half in diesem Beispiel, den
Rückzug rechtzeitig anzutreten und eine Niederlage im Markt
nicht mit Schuldzuweisungen für einzelnen Personen zu verbinden. Gerade hierzu gibt es zahlreiche Gegenbeispiele, wie der
Eintritt in neue Märkte von der Top-Führung nur halbherzig getragen wird oder die Rückzugspunkte unklar bleiben.

Ein weiteres Beispiel zeigt einen der führenden europäischen
Anbieter von Brillen mit diversen nationalen Sortimenten im
Markt. Bei einer hohen Innovationsquote (innerhalb von 3 Jahren
mußten die meisten Produkte abgelöst werden) und starker Abhängigkeit von regional unterschiedlichen modischen Strömun-
gen drückten vor allem die Entwicklungskosten sowie die Fer-
tigwarenbestände in den Ländern auf die Rendite.

Die Umstellung auf ein internationales Sortiment führte zu einer
deutlichen Verminderung der Produktanzahl und damit der
Entwicklungs- und Fertigungskosten (siehe Grundsatz 4). Das
Bestandsproblem wurde durch eine zentrale Lagerhaltung von
Halbfabrikaten (Brillen ohne Beschichtung bzw. Einfärbung) und
Beschleunigung der Disposition/Anlieferung beseitigt. Auf die

Abdeckung der spezifischen Bedarfe von regionalen Teilmärkten wird seitdem bewußt verzichtet. In einem hart umkämpften Markt kann derzeit wieder mit einer auskömmlichen Rendite gerechnet werden.

Was in diesem Beispiel weniger gut gelungen ist, betrifft die Einbeziehung der Tochtergesellschaften bei der Vorbereitung und Umsetzung dieser strategischen Weichenstellung. Hier zeigten sich erhebliche Defizite in der Internationalität der Unternehmenskultur (siehe Grundsatz 9).

In einem weiteren Beispiel geht es um die Ausrichtung von Unternehmen der Investitionsgüterindustrie auf die dominierenden Nutzen des Leistungsangebotes (siehe Grundsatz 1). Dies ist für Konsumgüteranbieter oder im Handelsbereich eher eine Selbstverständlichkeit. Doch mancher Anbieter von technischen Investitions- oder Gebrauchsgütern sieht lediglich die Technologieentwicklung und Funktionalität von Systemen/Geräten.

Dies traf bis vor einigen Jahren für Telefongeräte oder Personal-Computer zu. Heute überfordert die Vielfalt der Funktionen oft die Käufer, so daß mit der Orientierung am Hauptnutzen (z.B. der A- und B-Kunden) oder an Zusatznutzen wie Farbe und Design eine kostengünstigere Fertigung bzw. Beschaffung möglich wird. Hilfreich ist eine entsprechende „Wertanalyse aus Kundensicht", mit der die bestehende Kostenstruktur überprüft werden sollte. Als Voraussetzung muß in den Bereichen Produktentwicklung und F & E die Kundenorientierung (und nicht „Technikverliebtheit") zur grundsätzlichen Verhaltensmaxime werden. Dies steht nicht im Gegensatz zu einer technologieinduzierten Innovation, die neue Bedarfe schaffen kann: auch hier werden Entwicklungen nur erfolgreich sein, die sich auf weckbare Kundenbedürfnisse richten.

Fallbeispiele: Strukturen straffen (siehe Grundsatz 4)

Am nächsten Beispiel eines Dienstleistungsunternehmens in der Gebäudereinigung soll gezeigt werden, wie strategische Entscheidungen und die Organisationsstruktur voneinander abhängig sind. Welche Kernleistungen selbst erbracht werden sollten und welche von Partnern über „Outsourcing" abgedeckt werden können, ist erst einmal eine Frage der strategischen Positionierung. Chemische Reinigungsmittel sind für ein Gebäudereinigungsunternehmen besser extern zu beschaffen. Ist das Unternehmen aber im Krankenhausbereich tätig, erfordert dieses Marktsegment eine spezielle Reinigungskompetenz, die z.B. durch eigene Prüflabors nachgewiesen werden muß.

Ist das eigene Entwicklungs-/Fertigungs-Know-How nicht überlegen und die Leistung zur Differenzierung am Markt kaum geeignet, ist die Auslagerung von Teilfunktionen überprüfenswert, d.h. hier sind die bekannten „Make or buy"-Kriterien anzulegen

Von einer möglichen Auslagerung werden beeinflußt:

- Investitionsbedarf und Kapitalbindung,

- Standort- und Flächenauslastung,

- Personalbedarf,

- Sachmittelausstattung, d.h. eben auch die Kostenhöhe bzw. -struktur.

Neben der Leistungstiefe und -abgrenzung zu externen Leistungspartnern geht es jedoch auch um die interne Aufgabenstruktur. Ein Konzernunternehmen mittlerer Größe hat z.B. mehrstufige Funktionsausprägungen für Marketing und Controlling (in der Holding, in der Einzelgesellschaft bzw. Division, z.T. noch in Bereichen). Eine Straffung der Holdingaufgaben in Richtung Management-Holding (keine „Funktionsholding") und eine klare Aufteilung der Funktionen zwischen den Einzelgesellschaft und Division können so zur Auflösung mancher Stabsstelle bzw. zur Integration in die operativen Einheiten führen.

In einem anderen Beispiel wurde gleichzeitig die Hierarchieebene der Hauptabteilungsleiter gestrichen. Dies brachte nicht nur eine direktere vertikale Kommunikation, sondern es wurde auch

„Lean-Management" im Sinne von Verringerung der Positionen im mittleren Management vollzogen. Solche Veränderungen laufen nicht ohne Widerstände und Schwierigkeiten ab. Dazu gehören Besitzstandsdenken und Angst vor Neuerungen. Bestehende organisatorische Systeme müssen angepaßt werden wie etwa das Stellen- und Vergütungssystem oder die betriebliche Alterssicherung. Eine Vertrauenskultur, in der Konflikte offen angesprochen und gelöst werden, erleichtert wesentlich Reorganisationen, die den Status und sonstige Interessen einzelner Leistungsträger im Unternehmen berühren!

Fallbeispiele: Effektivere Führung (siehe Grundsatz 5, 8, 9, 10)

Es gibt immer noch Unternehmen, in denen die Unternehmensziele und die Grundstrategien zur „geheimen Chefsache" erklärt werden. So bleiben manche grundsätzlichen Fragen unklar oder Vorgaben werden nicht akzeptiert. Deshalb war z.b. die Optimierung des Strategieerstellungs- und Umsetzungsprozesses Thema einer 3-tägigen Klausurtagung im Führungskreis eines mittelständischen Unternehmens, auf der der Unternehmer selbst seine Vorstellungen erläuterte und seine Führungsmannschaft eine wirkliche Gelegenheit zur Mitgestaltung des zukünftigen Kurses bekam. Erstmals wurden die Eckwerte der strategischen Planung schriftlich festgehalten und Grundsätze für die „Führung und Zusammenarbeit" im Unternehmen aufgestellt.

Ein anderes Unternehmen versuchte, über die Einführung von Führungsinformationssystemen für den Vertrieb und das Controlling schnellere bzw. aussagefähigere Informationen zu bekommen. Zugleich wurden die Unstimmigkeiten im bestehenden Informationssystem beseitigt (zu viele EDV-Auswertungen, etliche unabgestimmte manuelle und PC-Auswertungen).

Manchmal sind es aber die kleinen und z.t. schwierigen Veränderungen in der Kommunikationskultur, die nennenswerte Effekte bringen. So nahm man sich in einem Verwaltungsbereich vor, keine schriftlichen Aktennotizen mit Stellungnahmen und Gegendarstellungen mehr zu verfassen, sondern die entsprechenden Themen in einem direkten Kontakt zu den Kollegen abzuklären. Andere Beispiele für eine Vergeudung von Führungskapazität kann man verbreitet in den schlecht vorbereiteten und durchgeführten Sitzungen oder in einer aufwendigen Reisetätigkeit antreffen.

Eine effektivere Führung hat zumeist erhebliche Multiplikatorwirkung. So wirkt der gezieltere Einsatz von Marketing und des Verkaufspotentials mit einer besseren Außendienststeuerung positiv auf den Umsatz. Die Aktivitäten der Bedarfsermittlung und Kundenselektion oder Reklamationsbearbeitung können z.b. einem kleinen zentralen Team übertragen werden, während der Außendienst sich auf den Besuch vorselektierter Kunden konzentriert.

Die Schnittstelle Innendienst ↔ Außendienst ist übrigens fast immer verbesserungswürdig, hier treffen oft zwei gegensätzliche „Subkulturen"des Unternehmens aufeinander. Verbesserungsansätze liegen hier z.b. in der

■ Verstärkung der unternehmensweiten, gemeinsamen Aufgaben, z.b. über entsprechende Arbeitskreise und

■ gegenseitigen Hospitation bzw. Rotation.

Überhaupt sollte Führung heute weniger nach der Führungsleistung in einem Funktionsbereich, sondern nach dem „Management von Verbindungsstellen" beurteilt werden.

Fallbeispiele: Prozesse reorganisieren

Ein Unternehmen, das im Projektgeschäft tätig ist, hat zehnmal soviel qualifizierte Anfragen und Angebote zu berücksichtigen, wie letztlich Aufträge abgeschlossen werden. Für dieses Unternehmen ist daher der Prozeß der Anfragenbearbeitung und Angebotserstellung einerseits recht aufwendig, andererseits für das Geschäft ausschlaggebend. Um die Erfolgsquote zu erhöhen und die Prozeßbearbeitung (mit den Beteiligten im Vertrieb, Engineering, kaufm. Funktionen) effektiv zu gestalten, wurden zuerst die Kriterien für eine Angebotsbewertung überarbeitet (u.a. nach Kundenpotential) und anschließend eine Schulung der Mitarbeiter vorgenommen. Außerdem wurden die Aufgaben des Key-Account-Managements überdacht und die Durchlaufzeit für die Angebotserstellung halbiert. Für C-Kunden entfiel vielfach die individuelle Bearbeitung, da Standard-Referenzangebote herangezogen wurden (siehe Grundsatz 7).

Die Prozeßoptimierung gelingt nur, wenn jeglicher Fehlleistung bzw. Ressourcenverschwendung nachgegangen wird und Abläufe und Instrumente einfach gehalten werden (s. Grundsatz 6 u 8). Hilfreich ist die Übertragung des Beziehungsverhältnisses Kunde ↔ Lieferant auf interne Leistungsbeziehungen, wie sie typischerweise bei der Auftragsabwicklung bestehen. Die Grenzen von Abteilungen dürfen hierbei keine Rolle spielen, auch die Schnittstellen zu Externen (Lieferanten) müssen infrage gestellt werden. So gelang es einem Möbel-Anbieter, durch eine „Wertschöpfungsgemeinschaft" mit einem Hauptzulieferer/Hersteller, den Auftragsdurchlauf um 1/3 zu verkürzen und die Personalkosten in der Auftragsabwicklung um 20 Prozent zu reduzieren (siehe Abbildung auf Seite 185). Voraussetzung ist in diesem Beispiel, daß man sich auf 1 – 2 Lieferanten beschränkt und mit diesen eine echte Partnerschaft eingeht. Dies erfordert ein Umdenken z.B. im Einkauf und die Fähigkeit der Beteiligten, Kooperationen erfolgreich zu managen. Im Detail müssen außerdem die Tätigkeitszuordnung der Sachbearbeiter, die Abläufe und die Systemunterstützung umgestellt werden. Dies wiederum bringt Probleme mit sich, wie etwa die unzureichende Bereitschaft und Fähigkeit von Mitarbeitern, die neue Verantwortung anzunehmen, oder einfach Bequemlichkeit bzw. Scheu vor Veränderungen.

Als wenig kundennah (einfach, nutzerfreundlich) kann man vielfach die interne instrumentelle Unterstützung in Wirtschaftsunternehmen und insbesondere auch in der öffentlichen Verwaltung ansehen. Dies gilt vor allem für das Controlling incl. Berichtswesen, das häufig aufwendig und wenig abgestimmt ist. Ebenso ist die DV-Verarbeitung mit über Jahre gewachsenen Informationssystemen häufig so komplex und undurchsichtig geworden, daß nur einige wenige Spezialisten sie handhaben

Beispiele für eine Prozeßoptimierung in der Auftragsabwicklung

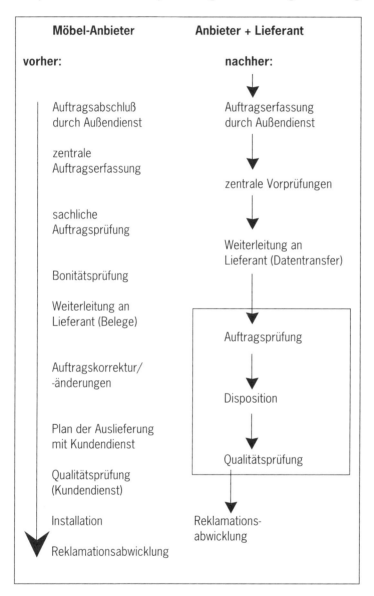

Möbel-Anbieter   **Anbieter + Lieferant**

vorher: nachher:

Auftragsabschluß   Auftragserfassung
durch Außendienst   durch Außendienst

zentrale
Auftragserfassung
                            zentrale Vorprüfungen

sachliche
Auftragsprüfung
                            Weiterleitung an
                            Lieferant (Datentransfer)
Bonitätsprüfung

Weiterleitung an
Lieferant (Belege)
                            Auftragsprüfung

Auftragskorrektur/
-änderungen
                            Disposition

Plan der Auslieferung
mit Kundendienst
                            Qualitätsprüfung
Qualitätsprüfung
(Kundendienst)

Installation   Reklamations-
                            abwicklung
Reklamationsabwicklung

können. Dabei sind heute gute Möglichkeiten gegeben, die Informationen und Systeme der DV benutzerfreundlich, d.h. auch dezentral, zu verwirklichen.

Außerdem können im Gegensatz zur Vergangenheit die Kostenveränderungen der DV zunehmend mit einem Minus-Vorzeichen versehen werden. Manche Chance eröffnet sich darüber hinaus noch durch die Informations-/Kommunikationstechniken. So können z.b. Verkäufer in Küchenstudios bei einer entsprechenden Programmunterstützung ihren Kunden die Zeichnung einer neuen Einbauküche mit dem verbindlichen Angebot direkt mitgeben, eine Arbeitsvereinfachung/-beschleunigung und ein Wettbewerbsvorteil zugleich. Die Technik muß allerdings so in den Verkaufsprozeß eingebunden sein, daß z.b. die durch ein persönliches Gespräch entstehende Kundennähe nicht durch den am Bildschirm arbeitenden Verkäufer verloren geht. Ansonsten kann durchaus ein Widerspruch zwischen einer effizienten Abwicklung und einer durch hohe Kundenorientierung gekennzeichneten Unternehmenskultur entstehen!

Die positiven Gestaltungsmöglichkeiten einer Unternehmenskultur

Licht und Schatten in einem Kulturbild

Die vielfältigen Abhängigkeiten von Marketing-Effizienz bzw. Unternehmenserfolg und Unternehmenskultur sollten in den vorangestellten Beispielen erkennbar geworden sein. Ein Widerspruch stellen Effizienz und Kultur deshalb nicht dar, allerdings sind durch die jeweiligen Kulturbedingungen teilweise positive, teilweise negative Effekte zu erwarten. Genauso kann ja auch eine falsche strategische Orientierung Schaden verursachen.

Unter Kultur muß man etwas anderes verstehen als ein gutes Betriebsklima. Vielmehr verbergen sich dahinter Einstellungen,

Verhaltensweisen und das Erscheinungsbild eines Unternehmens. Im Kern sind damit Wertvorstellungen, Grundsätze, Handlungsmaxime, Leitbilder und das Corporate Identity (CI) gemeint. Die Bedeutung der Unternehmenskultur beweist sich insbesondere in der

■ Identifikation einer Gemeinschaft,

■ der Orientierung für abgestimmte Aktivitäten und

■ der Motivation zur Leistung.

Wie bei der Strategie, die oft eine Realisierungslücke (Gap) aufweist, sind in der Unternehmenskultur Ist-Situation und Soll-Zustand (Vision/Leitbild) enthalten. Die Effizienz ist hierbei so-

Marketing-Effizienz als Kultur- und Strategiebestandteil

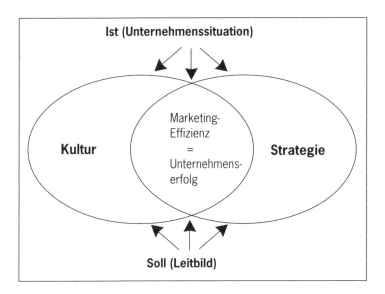

Beispiel eines Kulturprofils (Ist und Leitbild)

Ausprägungen Merkmale	sehr schwach	schwach	mittel	stark	sehr stark
Wertorientierung					
Kompetenzbewußtsein					
Mitarbeiterorientierung					
Arbeitsplatzabsicherung					
Leistungs- und Erfolgs- orientierung					
Kundenorientierung					
Innovationsorientierung					
Qualitätsorientierung					
Technologieorientierung					
Markt- u. Wettbewerbs- orientierung					
Wirtschaftlichkeits- orientierung					
Risikoneigung					
Informationsfreudigkeit					
Umweltbewußtsein					
gesell. Verantwortung					
Internationalität					
Flexibilität und Anpassungsfähigkeit					

———— Ist   – – – – – Soll

wohl Bestandteil der Strategie als auch im Leitbild (bei erfolgreichen Unternehmen insbesondere auch im Ist-Zustand) verankert (siehe Abbildung Seite 187). Ein erstes individuelles Kul-
turbild eines Unternehmens ergibt sich durch Gegenüberstellung
der Soll-Ist-Profile (siehe Beispiel auf der Abbildung Seite 188).
Diese Profile (z.b. nach Diskussion im Führungskreis abgefragt)
geben erste Hinweise auf den strategischen-kulturellen Anpas-
sungsbedarf. Effizienzkriterien sind bei den meisten Merkmalen
heranzuziehen, im engeren Sinne in der Leistungs- und Erfolgs-
orientierung und im Wirtschaftlichkeitsbewußtsein.

Diagnose der kulturellen Erfolgspotentiale

Nach einer ersten Strategie- und Kulturüberprüfung muß deutlich
tiefer in die verschiedenen Merkmale eingetaucht werden, denn
Kulturgestaltung kann nicht durch oberflächliche Kulturmani-
pulation ersetzt werden. Hilfreich in der Diagnose ist z.b. eine
professionell angelegte Mitarbeiterbefragung, die Aspekte wie

■ Führung,

■ allgemeine Arbeitsbedingungen,

■ Kommunikation und Information,

■ Mitarbeiterförderung,

■ Weiterbildung,

■ Vergütung und Sozialleistungen,

■ Zusammenarbeit und

■ Betriebsklima

für die Unternehmensbereiche im einzelnen transparent macht.
Daraus lassen sich Handlungsbedarf und Sofortmaßnahmen ab-

leiten. Für einige Schwerpunkte sind Sonderuntersuchungen/ spezielle Projekte bzw. Arbeitskreise einzurichten (z.b. für Total-Quality-Management, Verbesserung der Internationalität, CI-Überarbeitung, Steigerung der Innovation, Umweltschutz).

Aus der Erfahrung in zahlreichen Großunternehmen stammen folgende „kritischen Kulturmerkmale", die die Marketing-Effizienz bzw. den Unternehmenserfolg negativ beeinträchtigen:

■ ein überdurchschnittlicher Anteil von Mitarbeitern identifiziert sich nicht mit dem Unternehmen (durch Mitarbeiterbefragung bzw. anhand der Fluktuationszahlen oder Fehlzeiten meßbar);

■ das Image des Unternehmens ist bei den Mitarbeitern und in der Öffentlichkeit eher negativ;

■ ein Leitbild bzw. Führungsgrundsätze sind nicht vorhanden oder haben keine praktische Bedeutung;

■ eine glaubhafte und sinnvermittelnde Vision über die Unternehmenstätigkeit ist nicht verbreitet;

■ die Führungskräfte sind keine anerkannten Vorbilder;

■ Strategie- und Kulturentwicklung passen nicht zueinander, es klaffen Anspruch und Wirklichkeit weit auseinander;

■ Stabilität ist zu Starrheit geworden, Flexibilität zu Chaos;

■ allgemein akzeptierte Leistungs- und Erfolgsmaßstäbe gibt es nicht;

■ verschiedene Subkulturen arbeiten eher gegeneinander;

■ die passende Auswahl und Integration neuer Mitarbeiter erfolgt zufällig;

■ es mangelt an Vertrauen und Offenheit im Miteinander;

- die Kundenorientierung und Dienstleistungsmentalität ist aus Kundensicht eher schwach;

- von externen Partnern wird die Kooperationsfähigkeit des Unternehmens negativ beurteilt;

- die Lernfähigkeit und Selbststeuerung der Organisation ist unterentwickelt.

Im weiteren einige Erfolgsbeispiele für wesentliche Effizienzverbesserungen durch kulturell geprägte Umsetzungsmaßnahmen.

Realisierungsbeispiel: „Lean-Promoting"

Lean-Management bzw. Total-Quality-Management (TQM) sind wie bereits oben angesprochen keine instrumentellen Rationalisierungsprogramme, sondern basieren in erster Linie auf Denkhaltungen, die eine dauerhafte Steigerung der Leistungsfähigkeit bzw. Effizienz eines Unternehmens ermöglichen. Aus den praktischen Erfahrungen gelungener Umsetzungsbeispiele sollen hier die zentralen Erfolgsbedingungen angeführt werden.

Patronat der Unternehmensleitung
Ein „Champion" in der Top-Führung reicht nicht. Durch die übergreifenden Lean-Inhalte lassen sich strategie- und kulturrelevanten Vorhaben nur durch Einigkeit der Führungsspitze erreichen. Die Unternehmensleitung wird ihrer Rolle gerecht, wenn sie

- eine visionäre Zukunftsorientierung vermitteln kann (Selbstverständnis, Leitbild),

- eine Vorbildfunktion abgibt (eigener Stab, Statusprobleme),

- ganzheitliche Verantwortung praktiziert,

- Widerstände beseitigen hilft,

- Entscheidungs- und Handlungsbereitschaft beweist.

Positive, vertrauensbildende Zielsetzung
Allein mit der Zielsetzung „Kostensenkung" oder „Ergebnisverbesserung" wird man die Mehrheit im Unternehmen kaum gewinnen können. Positive Zielgrößen wie Qualitätsführerschaft, langfristige Sicherung des Unternehmens und damit der Arbeitsplätze sind deshalb unverzichtbar. Sofern Entlassungen und betriebliche Umsetzungen notwendig werden, sollten die Betroffenen sobald als möglich informiert werden. Mit Mitarbeitern, deren Zukunft im Unternehmen unklar ist, wird man schwerlich die Neugestaltung der Zukunft erfolgreich angehen können!

Konsequente Vorgehensweise
„Heilige Kühe" darf es nicht geben, d.h. alle Unternehmensbereiche inklusive der Führungspositionen müssen Gegenstand der Effizienzbetrachtung sein. Einer „Rennpferdkultur" (Einzelkämpfer im Wettbewerb) muß genauso begegnet werden wie der „Meerschweinchenkultur" (gutes Miteinander, aber wenig Effizienz). Im Extremfall sollte man bereit sein, die Unbelehrbaren in einer Organisation abzulösen bzw. sich von „festgefahrenen Bremsklötzen" zu trennen.

Langer Weg mit sichtbaren Schritten
Einige grundlegende Veränderungen (in der Kundenausrichtung, im Führungsstil oder Mitarbeiterengagement) sind nicht in einem Jahr zu erreichen. Aber es sollte kurzfristige Etappenziele geben, die Erfolgserlebnisse vermitteln. Oft sind es kleine, aber markante Schritte, die zum Mitgehen bewegen!

Gewinnung von Multiplikatoren
Eine flächendeckende Einführung von Lean oder TQM ist unrealistisch. Zwar sollte der gesamte Führungskreis gewonnen werden, doch wird es eine stufenweise Realisierung geben. Gute Beispiele haben die beste Multiplikatorwirkung!

Gewinnung der Mitarbeiter an der Basis
Wenn Mitarbeiter an der Basis mehr Verantwortung übernehmen und sich mehr an Verbesserungsmaßnahmen beteiligen sollen, müssen die Aufgabenstellungen, die Team-Organisation und die Randbedingungen stimmen.

Angemessenheit der Anspannung
Erst durch eine gewisse Anspannungssituation läßt sich erfahrungsgemäß etwas bewegen, wobei die Unsicherheit des Arbeitsplatzes trotz teilweise produktivitätserhöhender Wirkung langfristig sicher nicht geeignet ist. Vielmehr sind es meßbare Ziele, die eine Hebelwirkung bringen, wie

■ ein höherer Service-Level,

■ eine erhöhte Produktgarantie,

■ eine kürzere Durchlaufzeit,

■ geringere Bestände.

Die individuelle Anerkennung und die Handlungsfreiheit der Mitarbeiter muß sich positiv mit der Erreichung der Marktziele entwickeln können.

Realisierungsbeispiel: Internationalisierung

Die internationale Geschäftstätigkeit von Unternehmen ist durch recht verschiedene Strategie- und Kulturmerkmale gekennzeichnet. Zum Teil werden Anpassungen an landesspezifische Besonderheiten vorgenommen, um sogenannte Lokalisierungsvorteile zu erreichen, zum Teil wird die Vermarktung durchgängig international betrieben, wenn Globalisierungsvorteile erwartet werden. Hierbei kann man die auf der Abbildung (siehe Seite 194) 4 skizzierten Stufen feststellen.

Gerade für die erfolgreiche Integration einer Unternehmensakquisition ist das Internationalisierungskonzept eine wichtige Voraussetzung. Ab Stufe 3 sollte man eigentlich erst von einem internationalen Unternehmen sprechen. Hier reicht es dann nicht mehr, daß die Geschäftsführer von Tochtergesellschaften die Konzernsprache beherrschen. Vielmehr sind z.b. die zentralen Funktionsbereichsleiter in sprachlichen und kulturellen Besonderheiten des jeweiligen Landes auszubilden.

Stufen der Internationalisierung eines Industriekonzerns

Merkmale der internationalen Strategie + Kulturmerkmale

Stufe 1:   *Export*

Stufe 2:   *autonome Vertriebsgesellschaften/*
              Niederlassungen im Ausland

■ länderspezifisches Vertriebskonzept
■ starke Abhängigkeit von Einzelpersonen,
  Mitarbeiter fast alle „monokulturell"

Stufe 3:   *multinationales Produktkonzept*

■ Integration internationaler Produktanforderungen
  Koordination der Produktpolitik
■ einige Mitarbeiter „bikulturell"

Stufe 4:   *multinationales Marketing- und*
              Vertriebskonzept

■ übergreifende Vermarktungsstrategie mit ggf.
  länderspezifischer Segmentierung
■ Berücksichtigung der ausländischen Makro- und Mikrokulturen

Stufe 5:   *internationale Gesamtstrategie*

■ internationale Strategie für alle Unternehmensbereiche
■ Öffnung für internationale Kulturbedingungen mit einigen
  „multikulturellen" Mitarbeitern

Stufe 6:   *globale Gesamtstrategie*

■ globale Unternehmensstrategie
■ „interkulturelle" Mitarbeiter in allen Schlüsselpositionen

Realisierungsbeispiel: Zielgerichtete Unternehmenskommunikation

Nicht selten bleiben interne und externe Kommunikationsanstrengungen der Unternehmen ohne die beabsichtigte Wirkung. Analysiert man die Einflußfaktoren, so werden mit „Corporate Communication" Inhalte und der Prozeß des gesamten CI-Konzepts berührt. Oft erkennt man, daß keine eindeutigen Antworten für die CI-Kernfragen im Unternehmen vorliegen:

■ Wer sind wir (Selbstverständnis)?

■ Was können wir (kulturelle Stärken, Kompetenzfelder)?

■ Wo wollen wir hin (Vision, Leitbild)?

■ Wie sieht unser Weg aus (Ziele, Strategien)?

■ Inwieweit müssen wir uns verändern (kultureller Veränderungsbedarf, strategische Realisierungslücke)?

Erst nach dieser manchmal recht schwierigen Klärung kann das eigene CI-Konzept sinnvoll überdacht werden. Die CI-Entwicklung und Umsetzung sollte in einem unternehmensweiten Dialog erfolgen, das heißt, die Gesellschafter bzw. operativen Geschäftseinheiten sind frühzeitig zu beteiligen.

Über die Unternehmenskommunikation wird ein Stück Unternehmenskultur übermittelt, sie richtet sich an die eigenen Mitarbeiter, an Kunden, Lieferanten... Mit hinreichender Information kann das Interesse, die Beteiligung und das Engagement der eigenen Mitarbeiter angehoben werden. Gut informierte und sich mit dem Unternehmen identifizierende Mitarbeiter wiederum sind die besten positiven Kommunikatoren nach außen!

Externe Kommunikation sollte von der Öffentlichkeitsarbeit/PR im Sinne einer aktiven, gezielten Kommunikationsgestaltung getragen werden. Sie hat zum Ziel, den externen Zielgruppen ein ganzheitliches Bild des Unternehmens darzustellen. Das Image in

Form eines positiven Erlebnisses soll verhaltenssteuernd wirken. Dies kann nur gelingen, wenn eine glaubhafte Identität, eine bestimmte bewußte Positionierung und ein zur Unternehmenspersönlichkeit passender Stil realisiert werden.

Literatur:

Antonoff, R.:
Die Identität des Unternehmens. Ein Wegbegleiter zur Corporate Identity, Frankfurt/Main 1987
Berth, R.:
Visionäres Management, Düsseldorf, Wien, New York 1990
Bromann, P.:
Strategische Organisationsentwicklung in Marketing und Vertrieb, Landsberg/Lech 1990
Bromann/Pinwinger:
Gestaltung der Unternehmenskultur, Stuttgart 1992
Dill, P.: Unternehmenskultur:
Grundlagen und Anknüpfungspunkte für ein Kulturmanagement, Bonn 1986
Greipel, P.:
Strategie und Kultur. Grundlagen und mögliche Handlungsfelder kulturbewußten Managements, Bern, Stuttgart 1988
Heinen, E.:
Unternehmenskultur, München 1987
Lattmann, C.(Hrsg.):
Die Unternehmenskultur. Ihre Grundlagen und ihre Bedeutung für die Führung der Unternehmung, Heidelberg 1990
Meffert, H.:
Multinationales oder globales Marketing? Voraussetzungen und Implikation von Internationalisierungsstrategien, in: E. Gaugler, u.a. (Hrsg.): Zukunftsaspekte der anwendungsorientierten Betriebswirtschaftslehre, Stuttgart 1986, S. 191-209
Mintzberg, H.:
Power In And Around Organizations, Englewood Cliffs. N.J. 1983.

Porter, M.E.(Hrsg.):
Globaler Wettbewerb. Strategien der neuen Internationalisierung, Wiesbaden 1989

Reineke, R.D.:
Akkulturation von Auslandsakquisitionen, Eine Untersuchung zur unternehmenskulturellen Anpassung, Schriftenreihe Unternehmensführung und Marketing, Band 23, hrsg. von H. Meffert u.a., Wiesbaden 1989, S. 80-88

Rosenstiel, L.v.:
Der Einfluß des Wertewandels auf die Unternehmenskultur. In: Die Unternehmenskultur, Ihre Grundlagen und ihre Bedeutung für die Führung der Unternehmung, Ch. Lattmann (Hrsg.), Heidelberg 1990

Schmidt, K.:
Corporate Identity in einem multikulturellen Markt, Wuppertal/London 1991

Vertrauenskultur – Braucht Effizienz ein neues Denken?

Gerhard Weigle

Dipl.-Math. Gerhard Weigle ist freier Führungsberater. Er berät Unternehmen, die ihr Führungskonzept für die Arbeitswelt von morgen erneuern. Vorträge und Veröffentlichungen zum Thema „Chaosmanagement". Autor des Buches „Der Königsweg in die Arbeitswelt von morgen", erschienen 1989 bei Mauke Söhne in Hamburg.

■ *Wer vertraut, kann die Dinge aus der Vogelperspektive betrachten. Wer mißtraut, denkt und handelt in der Froschperspektive. Er arbeitet selbst. Und wer selbst arbeitet, verliert den Überblick.*

■ *Nicht Strukturen sind entscheidend, sondern der Geist, der in ihnen lebt.*

■ *Initiative geht vor Gehorsam: Es ist leichter, nachher um Verzeihung zu bitten, als vorher um Genehmigung.*

■ *Alles was nicht externen oder internen Kunden dient, ist Verschwendung: Der Weg zum Kunden ist das Ziel.*

Von Albert Einstein können wir lernen: „Die Probleme, die es in der Welt gibt, können nicht mit den gleichen Denkweisen gelöst werden, die sie erzeugt haben." Brauchen wir also auch in der Arbeitswelt ein neues Denken? Viele Unternehmen suchen einen neuen Weg. Er könnte in der Erkenntnis liegen: Mehr führen, weniger managen. Worin liegt der Unterschied?

Managen bedeutet Steuern von Geschäftsabläufen! Führen heißt Steuern von Zusammenarbeit! Schaffen optimaler Motivationsbedingungen! Schaffen von Begeisterung für die gemeinsame Aufgabe. Ernst machen mit dem Spaß an der Arbeit.

Führen hat weniger mit der Fähigkeit im Umgang mit Wissen (Fachkompetenz), vielmehr mit der Fähigkeit im Umgang mit Menschen (Sozialkompetenz) zu tun. Managen ist die ökonomische, Führen die geistige Dimension in der Arbeitswelt.

Das neue Denken setzt darauf, daß Geistkapital sich am besten verzinst. Und daß die Selbstorganisation in einer Vertrauenskultur effizienter ist, als die Fremdorganisation in einer Richtlinienkultur.

Hieraus ergibt sich für jeden Führungsverantwortlichen die Frage: Wie muß ich führen, damit die Mitarbeiter sich selbst führen? Die folgenden Megaspielregeln für Führung und Zusammenarbeit (1) sind ein Vorschlag dazu.

Kontrolle ist gut, Vertrauen ist besser

Vertrauensbeziehungen zwischen den Menschen in Wirtschaft und Politik werden mehr und mehr Bestandteil eines neuen Denkens. Mit vertrauensbildenden Maßnahmen gilt es, das Vertrauensniveau in den zwischenmenschlichen Beziehungen zu erhöhen. Ohne Vertrauen kann in Zukunft niemand der Vielfalt aller Führungsanforderungen gerecht werden, er scheitert an der Komplexität der Führungsaufgabe.

Führen	Managen
○ Sich auf die Menschen konzentrieren	❏ Sich auf die Geschäftsabläufe konzentrieren
○ Visionen verdeutlichen	❏ Betriebswirtschaftliche Ordnung schaffen
○ Spielregeln vereinbaren	❏ Unternehmenssysteme kontinuierlich verbessern
○ Vorbild sein	❏ Ergebnisse fordern
○ Vertrauensklima schaffen	❏ Revision und Kontrolle stärken
○ Inspirieren	❏ Disziplinieren
○ Überzeugen	❏ Anweisen
○ Für den Erfolg anderer sorgen	❏ Für den eigenen Erfolg sorgen
○ Entscheidungsprozesse organisieren	❏ Selbst entscheiden
○ Begeisterung entfachen	❏ Kompetenz entwickeln
○ Vorangehen	❏ Antreiben
○ Initiativen begünstigen	❏ Einhalten von Regeln überwachen
○ Für Selbstorganisation und Selbstkontrolle sorgen	❏ Richtlinien und Organisationsanweisungen geben
○ Kommunizieren	❏ Informieren
○ Beziehungsnetze fördern	❏ Dienstweg klären
○ Konkurrenten als Partner gewinnen	❏ Konkurrenten bekämpfen
○ Immer wieder erneuern	❏ Für Beständigkeit sorgen
○ Chancen ergreifen	❏ Risiken begrenzen
○ Langfristig denken	❏ Auf kurzfristigen Erfolg setzen
○ Für Geschwindigkeit sorgen	❏ Für Wachstum sorgen
○ Sich auf die Kunden konzentrieren	❏ Sich auf den Gewinn konzentrieren
○ Die Zukunft vorbereiten	❏ Die Gegenwart meistern

Aber der Vertrauende vermag sich mit seinem Vertrauen durch freiwillige Übernahme eines Risikos von Komplexität zu entlasten. Er verzichtet darauf, sich um Einzelheiten zu kümmern und beschränkt sich auf symbolische Kontrollen. Diese beziehen sich auf den Gesamterfolg und auf die Vertrauensbasis selbst. Zum Beispiel durch Bewerten eines Informationsprofils: Kämen nur gute Nachrichten, wäre Wachsamkeit geboten. Immerhin ist eine schlechte Nachricht besser als eine falsche.

Vertrauen bleibt ein Wagnis und sollte nicht bei geringfügigem Anlaß entzogen werden. Also tendenziell eher vertrauen als mißtrauen. Aber rechtzeitig die Vertrauensfrage stellen. Denn es geht nicht um blindes Vertrauen, sondern um Vertrauen mit einem wachsamen Auge.

Nur wer bereit ist, Vertrauen zu schenken, hat die Chance Vertrauen zu erwerben. Vertrauen wird erwidert. Vertrauen führt zur Partnerschaft, zum Respekt vor dem anderen Standpunkt. Erst durch wechselseitiges Vertrauen können die Antriebskräfte im Unternehmen gewinnen, können Kreativität und Problemlösungsfähigkeit wachsen.

Geschenktes Vertrauen ist Ansporn, Verantwortung zu übernehmen. Erst Vertrauen und Zutrauen ermöglichen eine erfolgreiche Delegation von Aufgaben. Hierzu gibt es sicher viel Zustimmung. Aber: Wie sieht es denn in unserer betrieblichen Wirklichkeit aus? Haben wir ein offenes Führungssystem?

Delegieren wir wirklich alles, was andere tun können im Vertrauen darauf, daß sie es auch tun? Fördern wir durch Vertrauen die Initiative aller im Unternehmen? Oder lähmen wir durch Perfektion der Kontrollsysteme den Unternehmergeist? Wissen wir, daß ohne Vertrauen jedes Kontrollsystem korrumpiert wird? Nach dem Motto: Je feiner das Kontrollsystem, um so kreativer die Buchführung.

Es ist unredlich, soziale Marktwirtschaft nach außen zu predigen und innen Planwirtschaft zu praktizieren. Das tun diejenigen, die die Ergebnisse mit dem Plan in Übereinstimmung bringen wollen, statt aus den Ergebnissen zu lernen. Sie vertrauen ihrem Plan mehr als der Wirklichkeit.

Und sie vertrauen vier Augen mehr als zwei. Sie mißtrauen dem einzelnen. Ist das Vier-Augen-Prinzip überhaupt eine Kontrollhilfe? Ist Vertrauen in die Einzelunterschrift nicht wirksamer? Wiegt Einzelschuld nicht schwerer als Teamschuld? Fördert Selbstkontrolle das Verantwortungsbewußtsein nicht stärker als Fremdkontrolle?

Nutzen wir die Chance zur Selbstkontrolle, die die Informationstechnik bietet, und sorgen für ein Klima des Vertrauens, in dem die Mitarbeiter ohne Angst sagen können, was sie sagen wollen. Mit Vertrauen wandeln wir Potential in Leistung.

Wer mit seiner Arbeit dem anderen dient, der wird gebraucht

Im neuen Denken gleicht das Unternehmen einem Orchester. Welch zutreffende Metapher: der einzelne Mitarbeiter erfüllt seine Aufgabe zuweilen als Solist, meist als Gruppenspieler und immer als Teil des ganzen Orchesters. Jeder fühlt sich dem Werk verpflichtet, das gerade musiziert wird. Aber das Konzert kann nicht gelingen, wollte jeder die erste Geige spielen. Nein: Jeder muß seinen individuellen Dienst zum Gelingen des Ganzen leisten. Wir erkennen hier den zentralen Punkt eines neuen Denkens: Vom Anspruchsdenken zur Servicebereitschaft. Vom Haben-wollen zum Dienen-wollen.

So bedeutet Führen eher Dienen als Herrschen. Der Führungsverantwortliche ein Diener seiner Mitarbeiter und Kunden!

Die Kunden sind die wichtigsten „Mitarbeiter" des Unternehmens. Sie stehen oben im Kommunigramm. Ihnen folgen die internen Mitarbeiter mit direktem Kundenkontakt. Von ihnen hängen die

Kundenentscheidungen im „Augenblick der Wahrheit" (Carlzon) ab. Sie sind für die Kunden der sichtbare Teil des ganzen Unternehmens und der Goldschatz, den viele Unternehmen erst jetzt wiederentdecken. Ihnen zugeordnet sind kundenorientierte Servicegruppen.

Kundige Koordinatoren sorgen für eine sinnvolle Vernetzung der Arbeitsprozesse. Der Unternehmensführer, ehedem Schlußstein in der Unternehmenshierarchie, ist Grundstein der auf die Spitze gestellten Organisationspyramide. Er ist verantwortlich für die Randbedingungen, für die Wahl der Unternehmensparameter, für das Führungskonzept. Es sorgt dafür, daß die auf die Spitze gestellte Pyramide durch Impulse von außen, sich wie ein Kreisel dreht. Und der steht solange, wie er sich bewegt.

Für alle gilt: Je stärker sie den inneren Auftrag spüren, für andere etwas leisten zu wollen, desto unentbehrlicher wird ihre Leistung. Wer dient, wird gebraucht. Die Kunst des Dienens liegt im klugen Balancieren zwischen Altruismus und Egoismus: in der Gegenseitigkeit von Geben und Nehmen, in der Ausgewogenheit von Gemeinwohl und Eigennutz. Die Kunst des Dienens liegt im Dienen, um zu verdienen. Wer am besten dient, verdient am besten.

Dies genau ist der Kern des erfolgreichen Qualitäts-Managements. Qualität ist die Erfüllung vereinbarter Kundenanforderungen. Dahinter steckt David Humes Paradigma des Handelns auf Grund von Übereinkunft. Und Qualitäts-Management ist die konzertierte Vielfalt aller Anstrengungen, die dem Erkennen, Vereinbaren und Erfüllen vereinbarter Kundenanforderungen dienen.

Qualität ist nicht notwendig gleichbedeutend mit Hochwertigkeit, Güte, Komfort oder Luxus und Eleganz. Qualität ist nicht erreicht, wenn die eigenen Qualitätsmaßstäbe erfüllt sind und seien sie noch so hoch. Qualität ist, was der Kunde akzeptiert. „Der Köder muß dem Fisch schmecken, nicht dem Angler." Qualität ist relativ, allerdings objektiv entscheidbar anhand von Qualitätskriterien. Diese helfen, die Kundenanforderungen klar zu vereinbaren und konsequent zu erfüllen.

Qualität ist, wenn der Kunde wiederkommt und nicht das Produkt. Qualität ist viel mehr als nur Produkteigenschaft. Dazu gehören Service und Betreuung, Einhalten von Zusagen, Kompetenz der Verkäufer und Berater, Flexibilität, Termintreue, Glaubwürdigkeit. Qualität gilt für jedes Glied der Wertschöpfungskette, vom externen Lieferanten bis zum externen Kunden. Qualität ist nicht über ein einmaliges Großprojekt zu erreichen, sondern durch die kontinuierliche Verbesserung in kleinen Schritten: Der Weg zum Kunden ist das Ziel.

Wie schaffen wir das? Alles, was wir tun, müssen wir im Sinne desjenigen tun, für den wir es tun. Wenn wir nicht wissen, für wen wir etwas tun, können wir diese Arbeit sofort einstellen, es wartet niemand darauf.

Zum Beispiel braucht das, was nicht umgesetzt wird, auch nicht geplant zu werden. Erst recht nicht von Planungsstäben, die um so glücklicher werden, je weiter sie sich von den Problemen entfernen. Sie halten ihre numerischen Meisterstücke für die Wirklichkeit, erst recht, seit sie mit Hilfe von PCs farbige Grafiken darstellen können. Wenn überhaupt, soll derjenige planen, der auch ausführt. Und zwar in der Weise, daß er die Anforderungen der Abnehmer seiner Waren und Dienstleistungen im Lichte der eigenen wirtschaftlichen und technischen Möglichkeiten erforscht, klar vereinbart und dann die Vereinbarungen genauso erfüllt.

Das gilt übrigens auch für die interne Zusammenarbeit. Jeder Mitarbeiter muß sich darauf einstellen, daß der nächste im Arbeitsprozeß sein Kunde ist. Jeder ist Kunde und Lieferant zugleich. Jeder trifft die Vereinbarungen, die er selber halten muß.

Mit Qualität haben somit alle Unternehmensangehörigen zu tun. Wie in einem Orchester soll sich jeder seines Anteils am Ganzen bewußt sein und dafür verantwortlich fühlen. Qualitäts-Management führt zu einer ganzheitlichen Kundenorientierung aller Unternehmen aller Größen, aller Branchen. Qualitäts-Management ist eine Geisteshaltung. Es hat mit den Menschen und ihren Einstellungen zu tun. Diese zu verändern, ist im Führungsprozeß zwar schwierig, ist aber von großer Wirkung, wenn es gelingt. Und es gelingt am besten durch Beteiligung bei der Gestaltung der Arbeitsprozesse. Mit Qualitäts-Management wird uns bewußt, daß es immer weniger hilfreich sein wird, nur von anderen etwas zu erwarten. Das gilt sogar über die Arbeitswelt hinaus.

Fragen wir weniger nach dem Versorgungsprinzip:

- Was tut der Staat für mich?

- Was tut die Firma für mich?

- Was tut die Familie für mich?

Fragen wir eher nach dem Subsidiaritätsprinzip:

- Was will ich für meine Familie tun?

- Was will ich für die Firma tun?

- Was will ich für die Gesellschaft, den Staat tun?

In unserer Arbeitswelt heißen die Fragen:

- Wer sind meine Kunden?

- Was erwarten die Kunden meiner Kunden?

- Was läßt sie aufhorchen?

- Wovon hängt ihr Erfolg ab?

- Wie kann ich meine Kunden begeistern?

Die Kunden fühlen es, wie sehr man sich um sie bemüht. Die Kunden sind es schließlich, die die Gehälter bezahlen.

Qualitäts-Management bewirkt auch eine konstruktive Einstellung zu Fehlern. Traditionell sind wir gewohnt, nach Schuldigen zu suchen, um sie zu bestrafen. Die Verursacher treiben aus Furcht vor Nachteilen einen großen Aufwand, um Fehler zu vertuschen.

Wäre es nicht wichtig, Fehler dort zu erkennen, wo sie entstehen, dann Fehler zu korrigieren, wenn sie entstehen und die Ursachen zu beseitigen, bevor Fehler entstehen? Es lohnt sich, die Kräfte auf Vorbeugemaßnahmen zu konzentrieren. Denn es gilt Murphys Gesetz: Was schief gehen kann, geht auch schief! Und Taguchis Rule of ten besagt: Die Korrektur eines Fehlers wird um so teurer, je später er bemerkt wird. Und zwar pro Glied in der Wertschöpfungskette um den Faktor 10.

Fehler sind wichtige Hinweise für notwendige Veränderungen. Fehler lösen produktive Lernprozesse aus, wenn es ein Klima des Vertrauens und der Fehlertoleranz gibt. Wer aus Fehlern lernt, verlernt, sie zu vertuschen. Er weiß, wie er Fehler durch Vorbeugen vermeiden kann. Und wer dennoch Fehler macht, gibt sie nicht weiter, sondern sorgt für sofortige Korrektur. Darin liegt der Erfolg des Nullfehler-Programms im Qualitäts-Management:

Es geht darum, im ersten Schritt die richtigen Dinge zu tun, im zweiten Schritt die richtigen Dinge richtig zu tun, im dritten Schritt die richtigen Dinge gleich richtig zu tun. Dies führt zu einer drastischen Senkung der Fehler- und Prüfkosten. Jedoch nur, wenn vorher die Vorbeugekosten erhöht wurden. Insgesamt ist es ein Kostensenkungsprozeß, der gleichzeitig die Motivation der Mitarbeiter steigert.

Dienen heißt nicht dienern. Dienen heißt, anderen Nutzen bringen. In Zukunft sind nicht diejenigen erfolgreich, die ihre Konkurrenten niederkämpfen, sondern jene, die die Anforderungen ihrer Kunden am besten erfüllen. Genau wie in der Natur. Die neueren Ergebnisse der Evolutionsforschung korrigieren nämlich die Darwin unterstellte These der harten Selektion. Sie zeigen, daß in der Natur weniger das Prinzip vom Überleben des Stärkeren vorherrscht, als vielmehr die weiche Selektion: das Überleben derjenigen, die am besten mit ihrer Umgebung kooperieren können.

Also lieber kluge Allianzen als schlaue Gegnerschaft. Und wer keinen Feind findet, muß sich mit einem Partner begnügen!

Auf die Bildung kommt es an

Wilhelm von Humboldts universelles Bildungskonzept beruhte auf dem Weltwissen. Dies hat sich bis heute jedoch derart vervielfacht, daß keines Menschen Hirn auch nur zur Speicherung ausreichen würde. Andererseits könnten wir es schaffen, das gesamte Weltwissen aus elektronischen Wissensbanken abzurufen.

Ferner ist es heute schon möglich, durch wissensbasierte Expertensysteme Wissen produktiv zu verknüpfen und mit Hilfe neuronaler Netze wesentliche Hirnfunktionen abzubilden. Das alles wäre ein Maß für Bildung? Kommt es bei den Führungsverantwortlichen in Zukunft darauf an? Natürlich nicht: Wir müssen Bildung neu definieren. Am besten genau umgekehrt: Bildung ist das, was übrig bleibt, wenn wir unser Wissen vergessen. Also: die innere Gestalt eines Menschen, die Persönlichkeit, die wir spüren, wenn wir mit ihm sprechen.

Noch weiter führt Anton Stangls Definition (2). Er erwartet von einem gebildeten Menschen:

■ eine Aufgeschlossenheit der Sinne und des Herzens,

■ einen aufgeweckten und beweglichen Geist,

■ Wirklichkeitssinn und den Blick für das Wesentliche,

■ den Überblick über das Ganze und

■ ein unabhängiges Urteil.

Wie finden wir dies heraus? Steht dies in Abschlußzeugnissen? Wir sollten uns unser Urteil über andere nicht aus schriftlichen

Unterlagen bilden, sondern aus unseren Erfahrungen mit ihnen. Wer Führungsverantwortliche sucht, sei durch glänzende Examina eher gewarnt. „Eierköpfe" sind als Führungsverantwortliche weniger geeignet, weil sie oft als sozial unverträglich erlebt werden. Ihnen fehlt soziales Fingerspitzengefühl.

Die überdurchschnittlich Durchschnittlichen mit dem gewissen „Etwas" bringen die besten Voraussetzungen für Führungsaufgaben mit. Sie erreichen überdurchschnittliche Leistungen mit durchschnittlichen Mitarbeitern. Bei den Führungsverantwortlichen kommt es darauf an, daß sie sympathisch sind, vertrauenswürdig, leidenschaftlich engagiert und lernbereit. Daß sie komplexe Dinge auf einfache Art sagen können. Daß sie, wie ein begnadeter Clown, auch bittere Wahrheiten vermitteln können, ohne zu verletzen. Der Clown schafft dies mit tiefgründigem Humor.

Und „Humor ist", wie Dürrenmatt sagt, „die Maske der Weisheit". Zur Weisheit führen Gelassenheit und die Fähigkeit, Abstand gewinnen und sich von außen betrachten zu können. Sich selbst nicht so wichtig zu nehmen, aber Farbe zu bekennen und immer ganz nahe bei seiner inneren Stimme zu sein. Der Humorvolle besitzt sehr viel Sicherheit und Reife. Er hat Verständnis für menschliche Schwächen, er vermeidet Konfrontation und Aggression, er zielt auf Ausgleich der Interessen, auf Versöhnung. Er hat Sinn dafür, daß etwas Zeit braucht zu entstehen, zu wachsen, sich zu festigen. Kleinkariertheit ist ihm zuwider.

Bei den Führungsverantwortlichen kommt es eher auf Bildung im beschriebenen Sinne als auf Spezialwissen an. Sie müssen lernen, loslassen, vergessen zu können: „Das haben wir immer so gemacht" kann sonst zur unbewußten Innovationsbremse werden.

Gewohnheiten können den Blick für die Zukunft trüben, Erfahrungen dagegen beflügeln. Gewarnt sei vor den Neokonservativen, die an allem Neuen teilnehmen, aber alles beim Alten belassen.

Wichtiger als das Wissen um Details ist die Fähigkeit zur ganzheitlichen Perspektive. Und dies nicht nur bezogen auf die Arbeitswelt, die ganze Persönlichkeit ist gemeint.

Gerade Führungspersönlichkeiten sollten außerhalb der Arbeit etwas tun, um innerhalb der Arbeit mehr innere Freiheit zu gewinnen. Sie brauchen einen zweiten Schwerpunkt im familiären oder gesellschaftlichen Bereich. Der einseitige „workaholic", der Arbeitssüchtige brennt aus. Er merkt es erst, wenn er vergeblich versucht, seine eigene Asche wegzublasen.

Wer seine Freizeit bewußt gestaltet, regeneriert seine Kräfte für den Beruf und entwickelt ein tieferes Verständnis für andere Menschen. Auf die Persönlichkeitsbildung kommt es also an.

Konzentriere Deine Kräfte auf den wirkungsvollsten Punkt

Diese Megaspielregel geht zurück auf das von Liebig entdeckte Minimumgesetz. Er fand heraus, daß es unter den vielen Einflußfaktoren auf den Pflanzenwuchs einen Faktor gibt, der alle anderen stimuliert: den sogenannten Minimumfaktor. Die Stärkung dieses Faktors ist für den Pflanzenwuchs entscheidend.

Dieses Minimumgesetz hat sich inzwischen als allgemeingültig für alle Entwicklungsprozesse erwiesen. Wir können es also auch in der Führungspraxis anwenden. Gelänge es zum Beispiel, aus einem Problembündel das Minimumproblem zu isolieren, würden mit der Lösung dieses Problems alle anderen mitgelöst.

Dies bestätigt die Praxis: Nach aller Erfahrung gibt es viel weniger wirklich entscheidende Dinge, als angenommen wird. Insbesondere hat es wenig Sinn, die Details zu ordnen, bevor nicht im Generellen wirkungsvoll ausgewählt wurde. Aber wie läßt sich der wirkungsvollste Punkt finden? Worauf kommt es beim Führen im Unternehmen an?

Peters und Waterman fanden in einer Art Master-Modelling acht entscheidende Punkte. Sie beobachteten die bestgeführten amerikanischen Unternehmen und filterten diejenigen Aspekte heraus, in denen diese Firmen sich gleichen. Wir können sie in dem berühmten Bestseller nachschlagen: Auf der Suche nach Spitzenleistungen. (3)

Kurz formuliert geht es um:

■ Probieren geht über Studieren.

■ Der Kunde ist König.

■ Viel Freiraum für Unternehmertum.

■ Auf den Mitarbeiter kommt es an.

■ Wir meinen, was wir sagen – und tun es auch.

■ Schuster bleib bei Deinen Leisten.

■ Kampf der Bürokratie.

■ So viel Führung wie nötig, so wenig Kontrolle wie möglich.

Die Praktiker nahmen dieses Buch mit Begeisterung auf, einige Theoretiker fanden es zu stark vereinfachend. Peters schrieb zusammen mit Nancy Austin 1985 ein neues Buch: Leistung aus Leidenschaft. (4) Die Autoren gehen auf die erhobenen Vorwürfe ein. Allerdings kommen sie zu dem Schluß: Auf nur drei Dinge kommt es an. Peters und Austin rufen uns auf:

■ Bemühen Sie sich ungewöhnlich intensiv um Ihre Kunden durch hervorragenden Service und Qualität!

■ Erneuern und verbessern Sie ständig!

■ Entwickeln Sie Ihre Fähigkeit, Menschen zu begeistern!

Im Jahre 1988 veröffentlichte Peters ein neues Buch: Kreatives Chaos. (5) Darin kommt er nun zu der Erkenntnis, daß es entscheidend auf eines ankommt: auf Qualität. Unter Anwendung des Minimumgesetzes sind diejenigen am erfolgreichsten, die ihre Kräfte auf den Q-Prozeß konzentrieren: Auf die Vollständigkeit, mit der sie externe und interne Kundenanforderungen erkennen, vereinbaren und erfüllen. Je schneller diese Kundenanforderungen erfüllt werden, um so größer wird die Ertragskraft des Unternehmens.

Und so führt uns die Megaspielregel, „Konzentriere Deine Kräfte auf den wirkungsvollsten Punkt", zur Weltformel für Unternehmensführung:

E = Ertragskraft
Q = Qualität $\qquad$ $E = Q * c^2$
c = Geschwindigkeit

Führen bedeutet Segeln

Führen bedeutet Segeln und nicht Bahnfahren. Bahnfahrer folgen nur einer vorgegebenen Spur. Auf freier Strecke sind sie völlig hilflos. Sie haben nur die Chance, mitzufahren oder auszusteigen. Segler dagegen reagieren ständig auf das sie umgebende Kräftefeld. Sie nutzen die wirkenden Kräfte zur Steuerung ihres Bootes in die gewünschte Richtung. In diesem Sinne wird Segeln zur Metapher für erfolgreiches Führen: Konzentriere Dich auf die Abweichungen.

Segeln ist ein kybernetisches Führungsprinzip. Management by Jiu-Jitsu oder richtiger Management by Aikido: fremde Kräfte nutzen, um das eigene Ziel zu erreichen. Dies können wir in unserer Führungspraxis vielfach bewußt erleben.

Beispiel: Neue Führungsaufgabe

Bei der Übernahme einer neuen Führungsaufgabe tritt der eine tritt als Boxer auf, er zerstört zuerst alles, was vorhanden ist, der Vorgänger habe eben alles falsch gemacht. Der andere praktiziert

Management by Aikido. Er beobachtet genau den Lauf der Dinge und ändert mit nur kleinen Signalen die Richtung in seinem Sinne. Der eine kämpft mit großem Kraftaufwand gegen Hindernisse, die vielleicht gar nicht vorhanden sind. Der andere kann seine Kräfte voll auf die neue Richtung für das Unternehmen konzentrieren.

Beispiel: Schöpferische Energie

Ein Mitarbeiter beschwert sich voller Erregung darüber, daß alles falsch laufe. Der eine Vorgesetzte wirft ihn aus dem Zimmer, er solle sich um seine eigenen Dinge kümmern. Der andere fragt ihn als Führungsverantwortlicher ruhig: „Wie hätten Sie es denn gern?" Der Vorgesetzte steigert die Frustration des Mitarbeiters; der Führungsverantwortliche wandelt die negative Zerstörungsenergie mit einer kleinen Hilfestellung in positive Wunschenergie um, er bringt den Mitarbeiter auf die schöpferische Ebene.

Beispiel: Kreative Kräfte des Kunden

Der Kunde sagt „nein" zu einem Angebot. Wie reagiert der Anbieter? Ist er ein Bahnfahrer, bleibt er auf eingefahrenen Gleisen und fragt: „Warum gefällt Ihnen das Angebot nicht?" Diese Frage klingt logisch. Hilft aber kaum weiter. Im Gegenteil, sie zwingt den Kunden, seine ablehnende Haltung auch noch zu begründen. Ist der Anbieter ein Segler, setzt er auf die kreativen Kräfte des Kunden und fragt: „Unter welchen Voraussetzungen würde Ihnen mein Angebot gefallen?" Diese Frage öffnet, bringt den Anbieter wieder in eine aktive Rolle. Jetzt kann er entscheiden, ob er die Kundenwünsche erfüllen will. Er hat sich aus seinem Argumentationsgefängnis befreit. Er segelt auf Erfolgskurs.

Entscheide – ungefähr richtig ist besser als genau falsch

Wer entscheidet, weiß nie vorher, ob seine Entscheidung richtig oder falsch sein wird; sonst wäre sie eine Rechenaufgabe, die ein Computer besser lösen könnte. Entscheiden beginnt dort, wo das Rechnen aufhört. Entscheidungen werden immer in Unsicherheit getroffen. Zum rechten Zeitmaß für Entscheidungen lesen wir in Goethes „Wilhelm Meisters Lehrjahre": „Lange Überlegungen zeigen gewöhnlich, daß man den Punkt nicht im Auge hat, von dem die Rede ist, übereilte Handlungen, daß man ihn gar nicht kennt."

Rationalisten suchen nach Techniken, um Entscheidungen richtig treffen zu können. Sie denken linear, monokausal. Sie wollen die Zukunft aus der Vergangenheit hochrechnen. In der Praxis ist dies kaum möglich. Dort herrscht kreatives Chaos. Dort geht es um zyklisches Denken: um ein immer wieder Neuentscheiden auf der Basis eines Lernprozesses nach dem Prinzip von Versuch und Irrtum. Karl Popper sagt in einem seiner Hauptwerke, Logik der Forschung (1934): „Wir können nicht wissen, sondern nur raten... Aus unserem Vermutungswissen ist immerhin so viel zu lernen, daß wir imstande sind, grundlegende Fehler zu vermeiden und zu einem Fortschritt über Fehlschritte zu gelangen."

Es ist produktiver, im Lichte der Ereignisse zu entscheiden, als in dunkler Vorahnung. Und kleine Schritte führen weiter als große Sprünge. Rationale Entscheidungen sind heute wegen der gewaltigen Informationsmengen kaum noch möglich. Es wäre ohnehin nur ein reduktionistischer Ansatz. Die Stärken der Menschen liegen im irrationalen und emotionalen Bereich. Deshalb kommt es beim Entscheiden weniger auf besondere Techniken an, als vielmehr auf Persönlichkeitsanforderungen:

- Mut,

- Intuition,

■ Risikobereitschaft,

■ Verantwortungsbewußtsein,

■ Augenmaß und

■ Weitsicht.

Wichtige Entscheidungen sollen nicht durch Mehrheitsvoten herbeigeführt werden. Abgesehen davon, daß die besten Ideen stets von Minderheiten kommen, ist Entscheiden eher Sache einer Persönlichkeit.

Deutlicher wird dies, wenn wir z. B. auf die 1400jährige Entscheidungspraxis der Benediktiner blicken. In der Regel des Hl. Benedikt (6) heißt es sinngemäß: Alles soll der Abt entscheiden, nichts ohne den Rat der Brüder, und auch der Jüngste soll sagen, was er für recht hält...

Vielleicht etwas respektlos kann dies die „Abt-Regel" für Entscheider genannt werden. Nicht nur Abteilungsleiter, jeder Führungsverantwortliche soll sich in diesem Sinne als Abt in seinem Organisationsbereich fühlen. Die Abt-Regel enthält zwei Weisheiten:

■ Die letzte Entscheidung kann nur Einer treffen, er muß dafür auch geradestehen.

■ Die Probleme in der Umsetzung liegen in den Versäumnissen bei der Entscheidungsfindung. Es ist wichtig, auf die Entscheidungsdurchführbarkeit zu achten: durch rechtzeitige Beteiligung derjenigen, die die Entscheidung umsetzen werden, wobei der Führungsverantwortliche seine Meinung als letzter einbringt.

Das kostet Zeit und Geld. Alles andere wäre aber teuer. Das haben uns die Japaner gezeigt. Sie benötigen lange Entscheidungszeit, setzen aber blitzschnell genau das um, was entschieden wurde. Wir umgekehrt: wir entscheiden blitzschnell, irgendwer setzt irgendwann irgendwie irgendetwas um. Wir vertrauen den Selbstheilungskräften im Unternehmen.

Wir müssen in Zukunft mehr für die Gestaltung der Entscheidungsprozesse tun. Dabei kommt es darauf an, eher die wichtigen als die dringenden Probleme zu erkennen und zu lösen. Vielleicht ist es auch eine abendländische Behinderung, daß jedes Problem, das erkannt wird, auch gleich gelöst werden muß.

Schon Goethe (Maximen und Reflexionen) wußte: „Jede Problemlösung bringt ein neues Problem." Ist es manchmal nicht besser, mit bekannten Problemen bewußt zu leben? Natürlich wäre auch dies zu entscheiden.

Eines sollte beim Entscheiden noch bedacht werden: Jede Sachentscheidung ist zugleich eine Entscheidung für und gegen Menschen. Deshalb müssen Führungsverantwortliche sorgfältig darauf achten, daß immer diejenigen entscheiden, die dafür verantwortlich sind. Käme es gelegentlich zu einer Rückdelegation, weil zwei oder mehrere rivalisierende Gruppen sich nicht einigen können, wäre es unklug, zugunsten einer Partei zu entscheiden.

Es wäre besser, einen globalen Richtungsimpuls zu geben, der es den rivalisierenden Parteien ermöglicht, ohne Gesichtsverlust einen neuen, erfolgreichen Weg zu finden.

Das bewußte Nichtentscheiden ist die schwierigste Entscheidung. Die Kunst besteht im Schaffen von Konstellationen, in denen diejenigen, die entscheiden sollen, es auch können.

Führe durch eigenes Vorbild

Die Individualisierung unserer Gesellschaft weckt gleichzeitig das Bedürfnis nach stärkerer Orientierung. Diese durch das erzieherische Hinstellen von Vorbildern zu befriedigen, wäre sicher eher

Manipulation und kann erschreckende Folgen für die Menschen haben, wie uns die Geschichte lehrt.

Dagegen seine Wirkung auf andere zu kennen, selbst anderen Vorbild zu sein, darauf kommt es an. Also: Führe durch Vorleben! Dies ist zugleich ein Appell im Sinne des Kantischen kategorischen Imperativs, der übertragen auf die Arbeitswelt lauten könnte: Handle so, daß die Maxime Deines Willens jederzeit zugleich als Grundsatz (Prinzip) einer allgemeinen Firmenverfassung (Gesetzgebung) gelten könne. Dabei muß niemand perfekt sein. Aber jeder heute etwas besser als gestern.

Das eigene Verhalten setzt Maßstäbe:

■ Auf die persönlichen Stärken setzen.

■ Sich um das rechte Maß mühen.

■ Sich dem Ganzen verpflichtet fühlen.

■ Die Menschen so akzeptieren, wie sie sind.

■ Sie so behandeln, wie man selbst behandelt werden möchte.

■ Mit gutem Beispiel vorangehen.

■ Die Kräfte auf Qualität konzentrieren.

Wer vertraut, dem wird vertraut, er vervielfacht die Kräfte. Wer vereinfacht, steigert die Geschwindigkeit. Wer guten Willen zeigt, schafft guten Willen. Wer positiv denkt, erzeugt positives Denken.

Wer Vorbild im Anwenden der hier dargestellten sieben Megaspielregeln für Führung und Zusammenarbeit ist, bewirkt Effizienz durch ein neues Denken und befindet sich auf dem Königsweg in die Arbeitswelt von morgen.

Anmerkungen:

1) Weigle, G.:
„Der Königsweg in die Arbeitswelt von morgen", Hamburg 1989
2) Stangl, A.:
„Führen muß man können", Düsseldorf 1979
3) Peters, Th. J./Waterman, R. H.:
„Auf der Suche nach Spitzenleistungen", Landsberg 1982
4) Peters, Th. J./Austin, N.:
„Leistung aus Leidenschaft", Hamburg 1986
5) Peters, Th. J.:
„Kreatives Chaos", Hamburg 1988
6) Steidle, P. Basilius, OSB:
„Die Benediktusregel", Beuron 1980

Personalkonzepte für mehr Effizienz

Andreas Lukas

Dr. Andreas Lukas ist Chefredakteur von GABLERS MAGAZIN – Die Zeitschrift für innovative Führungskräfte, Autor zahlreicher Beiträge zu aktuellen Management-, Führungs- und Personalthemen und Herausgeber mehrerer Bücher, Mitglied in Programmkomitees von Tagungen und Symposien sowie Referent und Moderator bei Kongressen und Veranstaltungen.

■ *Alle Leistungen eines Unternehmens sind die Leistungen seiner Mitarbeiter. Mit der Qualifikation und dem Engagement dieser steht und fällt ein Unternehmen.*

■ *Effizienzsteigerung kann nicht von oben verordnet werden. Sie entsteht in einer Organisations- und Motivationskultur, die danach strebt, in der Leistungserbringung besser zu werden.*

■ *Kunden- und Marktbeziehungen können nie besser sein als die Beziehungen im Unternehmen.*

Absatzmärkte und Unternehmensstrukturen verändern sich gleichermaßen. Die Trends zeigen eindeutig in Richtung qualifizierterer Dienstleistungen und High-Tech-Anwendungen sowie in Richtung individueller und gleichzeitig wachsender Kundenwünsche. „Im Team mit dem Kunden" lautet ein Leitsatz für erfolgreiche Unternehmen. Dabei wird die Qualität der Kundenbeziehungen zu einem der wichtigsten Wettbewerbsfaktoren.

Auch im Marketing herrscht oft eine alte, autoritäre Kundenphilosophie, die den Kunden als König abstempelt. Das bedeutet, der Kunde wird immer noch in weite Ferne gerückt. Wie beim König scheut man ein Zusammentreffen. Echte Kommunikation findet nicht statt. Wie in der Monarchie bleibt der Kunde auf ungewisse, ja nebulöse Distanz. Gertrud Höhler nennt diese Haltung treffend „die Unlust, Kundennähe wirklich zu ertragen". Wir brauchen in Zukunft aber genau das Gegenteil. Diese Entwicklungen führen zu höheren Erwartungen an die fachliche und persönliche Kompetenz der Mitarbeiter. Aus diesem Grunde fällt dem Management bei der Führung von Menschen eine herausragende Rolle zu; ohne zielgerichtetes Zusammenführen der Aktivitäten aller Beteiligten sind nutzbringende, brauchbare Ergebnisse eher zufallsbedingt. Eine zielgruppengerechte Personalentwicklung wird so zum unabdingbaren Baustein erfolgreicher Unternehmensführung. Sie wird auch zum entscheidenden Wettbewerbs- und Erfolgsfaktor auf den Märkten.

Von Rockefeller stammt der Satz: „Für die Gabe, Menschen richtig zu behandeln, bezahle ich mehr als für jede andere Fähigkeit unter der Sonne." Die Gabe, Menschen richtig zu behandeln, so könnte denn auch die Kernforderung an eine zukunftsorientierte Personalentwicklung lauten. Sie beinhaltet Mitarbeiter- und Marktorientierung zugleich. Denn es wird immer entscheidender, wie die Mitarbeiter den Kunden behandeln, wie sie mit ihm umgehen und seine Bedürfnisse ernst nehmen. Kundenorientierung und Qualität bedeuten dann, der Kunde kommt wieder und nicht das Produkt. Personalentwicklung heißt deshalb auch Marktorientierung. Letztlich ist der Mitarbeiter Träger jeder Verbesserung im Unternehmen, besonders wenn es um das Verhältnis zum Kunden, um ein neues Marketingverständnis geht. Alle Effi-

zienzsteigerungsprogramme müssen durch ihn getragen werden.
Und wenn es nicht gelingt, die Mitarbeiter für das Ziel höherer
Effizienz zu gewinnen und zu motivieren, dann sind alle entsprechenden Programme von vorneherein zum Scheitern verurteilt.

Herausforderung an die Personalentwicklung

„Alle Leistungen eines Unternehmens sind die Leistungen seiner
Mitarbeiter. Sonstige Faktoren sind letztlich austauschbar. Mit
der Qualifikation und dem Engagement der Mitarbeiter steht und
fällt ein Unternehmen." Mit diesen Sätzen umschrieb der Vor-
standsvorsitzende der Siemens AG, Dr. Heinrich von Pierer, auf
dem 5. DGFP-Kongreß „Human Resources – Produktivitätsquellen
im Wettbewerb" Ende Mai 1993 die Herausforderung, vor der
Personalpolitik und Personalentwicklung stehen.

Entscheidend ist danach, was das Management durch seine
Personalführung und Personalentwicklung aus dem Persönlich-
keits- und Leistungsangebot des einzelnen Mitarbeiters zu machen imstande ist. Denn die Einstellungen und Fähigkeiten der
Menschen müssen sich in allen Bereichen und auf allen Ebenen
mit den ständig veränderten Anforderungen weiterentwickeln. In
der Hand der Führung liegt es, den Einsatz der Mitarbeiter durch
gezielte Entwicklung und Förderung zu gestalten. Personalentwicklung fängt deshalb oben an und zieht sich durchs ganze
Unternehmen. Nicht der Leistungswille steht in Frage, sondern
die Leistungsvoraussetzungen müssen angepaßt werden. Personalentwicklung in diesem Sinne, ist ein lebendiger Prozeß und
kann nicht mit einmal verabschiedeten Programmen ad acta gelegt werden.

Der steigenden Komplexität und schnelleren Veränderung werden aber die Führungsmethoden der Vergangenheit nicht mehr

angemessen gerecht. Manager sehen sich größeren Strukturkrisen gegenüber. Ausnahmesituationen werden zur Normalität im Unternehmensalltag, und die unternehmerischen Herausforderungen werden in den nächsten Jahren noch schwieriger und komplexer.

Wir stellen heute auch vielfach fest, daß die gegenwärtig in den Unternehmen vorherrschenden Führungs- und Verhaltensstrukturen nicht mehr wettbewerbsfähig sind. Immer noch versuchen zu viele die Probleme und Fragen des 21. Jahrhunderts mit den Methoden und Rezepten der 60er Jahre zu lösen.

Aufhorchen läßt auch das Ergebnis einer 1992 durchgeführten Untersuchung: Ideenarmut ist die Hauptkrankheit deutscher Unternehmen. Und genauso ernst ist das Ergebnis einer Aktion des Geva-Instituts, München zu nehmen, wonach lediglich einem guten Viertel der Führungskräfte bescheinigt wird, ihre Mitarbeiter im großen und ganzen erfolgreich zu führen (Wirtschaftswoche vom 26. 2. 1993, S. 40).

Deutet dies auf ein falsches Führungsverständnis hin? Greift unsere Personalentwicklung zunehmend ins Leere?

Die Veränderungen in der externen Umwelt unserer Unternehmen verlangen ein neues Denken und Handeln, das umfassender, ganzheitlicher, toleranter, offener, kreativer und flexibler agiert als bisher.

Dem immer noch weit verbreiteten absoluten Anspruch des Managements auf Gestaltung, Einfluß und Macht stellen sich fließende Strukturen und unbekannt veränderliche Abläufe entgegen. „Wer die fachliche Kompetenz allein zur Basis seiner unternehmerischen Strategie macht," so der Persönlichkeitstrainer Baldur Kirchner, „wird dauerhaft nicht stabil bleiben. Ein so denkender Manager vergißt den existentiellen Wert des Zwischenmenschlichen." (Kirchner, 1992, S.70)

Technokratische Planung, Steuerung und Kontrolle sind eben nicht alles. Denn hinter allen betrieblichen Zahlen stecken Men-

schen – nicht nur auf der Soll-, auch auf der Haben-Seite, nicht
nur innerhalb des Unternehmens, auch im Außenverhältnis. Und
Menschen gestalten und bestimmen den Erfolg. Jede Entwicklung
geht von Menschen aus und hängt von Menschen ab. Ob ein
Führender die von ihm erwarteten Verhaltensweisen im Unternehmen verkörpert, sagen ihm deutlich die von ihm Geführten.

Manager müssen wissen, was ihre Mitarbeiter beschäftigt, was
sie bewegt, was sie leisten können und was sie leisten möchten.
Personalkompetenz muß zu einem inneren Besitz werden. Mili-
tärischer Führungsstil – und er wird noch öfter praktiziert, als
viele sich träumen lassen – hat dies noch nie ermöglicht und wird
in Zukunft nur das Gegenteil heraufbeschwören. Wir müssen
erkennen, wie viele gefährliche Illusionen, gar Selbstbetrug in all
dem stecken können und verborgen sind, was wir bisher Strategie,
Langfristplanung und logisches Vorgehen genannt haben. Und
wir müssen eine neue mentale Qualität aufbauen, wie Gerd Gerken
fordert, für den Zufalls-Charakter der Wirklichkeit, für die
Chancen, die sich mit den vielen Überraschungen an allen Ecken
und Enden des Wirtschaftsgeschehens bieten.

Mit den Worten Heinrich von Pierers, lautet diese Führungsqua-
lität: „Gefragt sind Persönlichkeit und Führung durch Vorbild.
Gefragt ist der Abbau von Berührungsängsten. Gefragt ist Kommunikation, die sich ungeachtet von Hierarchieebenen ab-
spielt."

Das daraus abzuleitende Führungsmodell zeichnet sich durch
folgende zwölf Charakteristika aus:

- Emotionale Energie statt Druck,

- Offenheit statt Hierarchie,

- Vorbild statt Forderung,

- Selbstentfaltung statt Steuerung,

- Gelassenheit statt Hektik,

- Visionen statt Ziele und Meßwerte,

- Komplexität statt Einfachheit,

- Evolution statt Eingrenzung und Strategie,

- Ganzheitliche statt reduktionistische Betrachtung,

- Wandlungsfähigkeit statt Präzision,

- Verantwortung statt Funktionserfüllung und

- Vertrauen statt Kontrolle.

Die erforderliche Führungskompetenz

Managern kommt bei der Führung von Menschen, wie schon gesagt, eine herausragende Rolle zu. Deshalb stehen sie vielfach im Rampenlicht des öffentlichen Interesses, deshalb stehen sie heute und in Zukunft noch stärker auf dem Prüfstand. In diesen dynamischen Zeiten hat Verwaltungsmentalität oder Führung nach Gutsherrenart ausgedient, zumindest in den Top-Etagen ist dafür künftig kein Platz mehr.

Die Spielregeln der Vergangenheit können nicht einfach weitergeschrieben werden. Das hat uns der jähe Zusammenbruch der kommunistischen Systeme und der bipolaren Welt zu Beginn der 90er Jahre deutlich genug gezeigt. Der Personalchef der Henkel KGaA, Dr. Roland Schulz, forderte auf dem Gabler Top-Management Forum im Februar 1993 sogar, daß sich die Unternehmen soweit wie nur möglich von ihren Wurzeln entfernen sollten, vor allem im Bereich der Personalpolitik. Denn bei der Entwicklung unserer industriellen Großorganisationen standen in erster Linie militärische Organisationen, Beamtentum und Taylorismus Pate.

Unsere Gesellschaft wird heute durch ein anderes Menschenbild geprägt. Taylorismus und autoritäres Befehlsmodell funktionieren nicht mehr, in keinem Bereich. Die Mitarbeiter tragen dies in die Unternehmen hinein. Die Turbulenzen des Umfeldes und der Märkte finden sich so auch im sozio-technischen System, im Interaktionsgefüge, im Organismus Unternehmen wieder. Führungskompetenz ist in diesen Unternehmen konsequenterweise das, was die Mitarbeiter fordern und erwarten. Führungskompetenz wird – und dies ist noch zu wenigen wirklich klargeworden – auch auf den Märkten entscheidend das Spiel bestimmen. Davon sollte sich jede zukunftsorientierte Personalentwicklung leiten lassen.

Der Leitsatz einer zukunftsorientierten Personalentwicklung könnte in Anlehnung an den Schweizer Psychologen und Chaosforscher Peter Müri lauten:

Nur wo bestehende Ordnungen hinterfragt werden,
nur wo Systeme umgestaltet und bestehende Werte
verschoben werden, entsteht schöpferische Kreativität,
regt sich Schöpferisches.

Die jüngsten Erkenntnisse der Chaosforschung rücken ja gerade für das Management die Ganzheit und den Wandel ins Bewußtsein. Chaos ist danach nicht etwa eine heillose Unordnung, sondern ein Zustand, der sich nach strengen Regeln entwickelt. Diese Regeln sind allerdings nicht leicht zu erkennen, weil alle Faktoren sich gegenseitig immer wieder beeinflussen. Es bestehen Wechselbeziehungen zwischen allen Dingen.

Für die Führungskräfte bedeuten die Erkenntnisse der Chaosforschung, endgültig Abschied zu nehmen vom allzu lange gepflegten Mythos eines omnipotenten Machers an der Spitze von Unternehmen. Ganzheitliches, vernetztes Denken muß sich deshalb in allen Bereichen etablieren.

Die neue Qualität:
Vom Mit-Arbeiter zum Mit-Denker

Wir brauchen in Zeiten dramatischer Veränderungen Mitarbeiter, die sich mental auf den Wandel einlassen und ihn zupackend bewältigen können. Dies gilt für die Führungsebene genauso wie für den Verwaltungsangestellten. Die Mitarbeiter sehen sich mit neuen Anforderungen konfrontiert, die mit „multi-skilled", flexibel einsetzbar, sozial-kompetent bei verstärktem Einsatz von Gruppenarbeit oder Denken über Abteilungsgrenzen hinweg beschrieben werden können. Für Führungskräfte muß die Devise heißen: Statt „Jeder gegen jeden" „Jetzt im Team" oder bei der eigenen Mitarbeiterführung „Motivator" sein, nicht „Anweiser".

Insgesamt muß eine Organisations- und Motivationskultur geschaffen werden, die danach sucht, wie man gegenüber seinem Abnehmer noch besser werden kann in seiner Leistungserbringung. Das bedeutet aber auch, Abschied zu nehmen von einer verordneten Effizienzsteigerung von oben. Das Management muß ein Wir-Gefühl erzeugen, das dem einzelnen aufzeigt, daß er als Individuum im Rahmen der Gesamtleistung eingebunden ist in den Unternehmenserfolg. Dieser Erfolg ist von ihm abhängig, dies zu vermitteln braucht es eine andere Führung als wir heute noch vielfach vorfinden.

Normalerweise haben Manager und Mitarbeiter eine gemeinsame Verantwortung für ihr Unternehmen. Mitarbeiter sollten ein Interesse an der Profitabilität des Unternehmens haben, Manager sollten ihre Mitarbeiter darin unterstützen und zum Erfolg verhelfen. Dennoch sehen aber viele Manager die Beschäftigten als notwendiges Übel und Kostenfaktoren an, die sie lieber wegrationalisieren möchten. Daß jeder Mitarbeiter zwei Hände zum Arbeiten mit in das Unternehmen bringt, ist seit langem klar. Daß er auch noch einen Kopf zum Denken hat, wurde (und wird!?) vielfach vergessen oder verdrängt. Getreu dem Motto „Du bist zum Arbeiten hier und nicht zum Denken" wurde und wird das vorhandene Wissen der meisten Mitarbeiter sträflich vernachlässigt.

Langsam setzt sich aber die Erkenntnis durch, daß das vielfach brachliegende Kreativitätspotential der Mitarbeiter dringend gebraucht wird, um beim zunehmenden Wettbewerbsdruck effektiver und erfolgreicher zu arbeiten und um langfristig als Unternehmen zu überleben. Die späte, hoffentlich nicht zu späte Einsicht lautet: Die Quelle des Unternehmenserfolgs ist der einzelne am Wertschöpfungsprozeß beteiligte Mitarbeiter. Deshalb müssen die Mitarbeiter auch an der Basis zu „Mit-Denkern" entwickelt werden. Die Ingangsetzung eines kontinuierlichen Verbesserungsprozesses (jap. Kaizen) wird zur conditio sine qua non für das langfristige Überleben jedes einzelnen Unternehmens. Jeder Mitarbeiter sollte sich danach als Dienstleister seines Abnehmers betrachten, so als ob dies sein persönlicher Kunde sei, ganz gleich ob es sich um einen Kunden auf dem Markt oder um einen Kollegen handelt, dem man innerhalb eines Arbeitsprozesses zuarbeitet.

Die Personalentwicklung hat dazu die erforderlichen Maßnahmen bereitzustellen. Personalentwicklungsmaßnahmen können deshalb auch keine „Exklusivveranstaltung" für die oberen Etagen sein. Sie müssen jeden bis an die Basis erreichen:

■ mit arbeitsplatznahen Lernverfahren (z.B. Lernstatt),

■ mit themenbezogenen Grundlagenschulungen (z.B. zur Frage „Was ist meine Stellung im Gesamtprozeß der Produktion?") und

■ mit breit angelegten Maßnahmen zur Qualifizierung der gewerblichen Mitarbeiter.

Personalentwicklung in diesem Sinne muß raus aus der reinen Führungskräfte- und Führungsnachwuchskräfteentwicklung und rein in eine breite generelle Mitarbeiterentwicklung. Dies braucht konzeptionelle Vorarbeit, dies braucht Zeit, Geduld und Geld – alles Faktoren, die gerade in krisenhaften Zeiten knapp zu sein scheinen: trotzdem ist es – wie ich meine – dringend geboten.

Das Anforderungsprofil an das Management

Für die Zukunftsbewältigung und das Überleben eines Unternehmens ist mehr „Führung" notwendig: aber eben „Führung", nicht tägliches Hineinreden in operative Kleinarbeit, Gängeln bei Routineaufgaben oder die Nicht-Beherrschung der Delegation. Führen heißt in diesem Sinne: Der Manager ist verantwortlich für die Systemgestaltung: er muß dafür sorgen, daß die Rahmenbedingungen des Handelns im Unternehmen stimmen.

Führen bedeutet aber auch, anderen helfen, erfolgreich zu sein. Jede Führungskraft steht damit in der Verantwortung für die ihr unterstellten Mitarbeiter. Hier muß sich die Erkenntnis durchsetzen, daß diese Aufgabe immanenter Bestandteil jeglicher Führung und jeder Personalentwicklung ist. Sie kann nicht wegdelegiert werden.

Den Führungskräften kommt damit eine Schlüsselrolle zu als visionäre Hoffnungsträger für den Wandel und als engagierte Macher und Gestalter dieses Wandels. Für eine zukunftorientierte Personalentwicklung hat dies zwei Konsequenzen:

1. Bei der Auswahl neuer Führungs- und Führungsnachwuchskräfte müssen im Interesse der Unternehmensentwicklung die entsprechenden Qualifikationen herausgefiltert werden.

2. Den vorhandenen Führungskräften muß die Personalentwicklung helfen, sich in ihrer neuen Rolle zurechtzufinden und sukzessive die neuen, schwierigeren Anforderungen zu erfüllen.

Viele bislang erfolgreiche Führungskräfte müssen lernen, über ihren eigenen Schatten zu springen, und akzeptieren, daß die Erfolgsrezepte von früher kein Garant für die Zukunft sind. Die abgeleiteten Fragestellungen für die Personalentwicklung lauten:

■ Wie kann ich bereits heute die Führungs- und Personalqualifikationen sicherstellen, die ich morgen brauche?

■ Was muß ich heute tun für die morgen gewünschten und erforderlichen Qualifikationen?

■ Welche Personalpolitik und welche gelebte Unternehmenskultur verhalfen mir dazu?

Die erforderlichen Management-Qualifikationen

1. Das Management der Zukunft entwickelt Visionen.

Es spürt Trends und Entwicklungen auf, hat eine auf Langfristigkeit ausgerichtete Perspektive, denkt nicht nur von „gestern bis heute". Es kann Wunschvorstellungen der unternehmerischen Zukunft nicht nur entwerfen, sondern den Mitarbeitern diese Visionen auch glaubhaft und überzeugend vermitteln. Es kann Begeisterung wecken und schrittweise in die Richtung dieser Visionen führen. Dazu bedarf es der Klarheit der Zielvorgabe in inhaltlicher, zeitlicher und quantitativer Hinsicht.

2. Das Management der Zukunft führt mit offener Kommunikation.

Wirkungsvolle Kommunikation und Offenheit für Informationen gehören zum Werkzeug erfolgreichen Managements. Es geht auf andere zu, vermittelt die eigene Meinung überzeugend, hört aktiv zu und informiert umfassend. Meinungen, Ideen, Fakten zusammenzufügen, zu sortieren und zu vermitteln, Konsensbildung und Ausgleich zu finden in der Gruppe oder Abteilung sind Ziele dieser Kommunikation. Passive und aktive Kritik ist willkommen auf der Suche nach einer gemeinsamen, besseren Lösung. Destruktive Kritik mit Killerphrasen wie „Das haben wir noch nie gemacht" oder „Das geht ja doch nicht" sind tabu.

3. Das Management der Zukunft hat Mut zu Veränderungen, ist risiko- und konfliktbereit.

Es demonstriert Eigeninitiative, Entschlossenheit und Risikobereitschaft. Die eigene Meinung wird artikuliert auch gegen Gruppenkonformität oder andere Ansichten. Um Chancen wahrzunehmen, sind Risiken einzugehen. „Turnen ohne Netz" gehört zum Alltag der Führungskraft. Flexibilität als schnelle Reaktion auf geänderte Situationen wird von ihr nicht verwechselt mit opportunistischem Anpassen an andere Meinungen.

4. Das Management der Zukunft entwickelt Innovationskompetenz und ist flexibel.

Auf veränderte Situationen reagiert es schnell und paßt sich an. Es sucht permanent nach Verbesserungen und übt dadurch eine Vorbildfunktion aus. In seinem Bereich schafft es ein „innovatives" Klima. Qualität wird nicht verkürzt als Produktqualität gesehen, sondern als Prozeß- und soziale Qualität erkannt.

5. Das Management der Zukunft ist lernfähig und lernwillig

Lernen im Unternehmen setzt die Bereitschaft des einzelnen voraus, einen permanenten Lernprozeß mitzumachen. Lernen wird nicht als Pflicht, sondern als Chance begriffen. Lernen bedeutet aber auch Akzeptanz von Fehlern und Abhängigkeit aufgrund von Wissen und Können. Die Führungskraft ist hierbei Vorbild. Lebenslanges Lernen ist für sie kein Lippenbekenntnis. Kreative Neugier ist ein Wesensmerkmal des Managements der Zukunft. Es begreift sich bewußt als Teil einer „lernenden Elite".

6. Das Management der Zukunft handelt eigeninitiativ, motiviert sich selbst und arbeitet effizient.

Es stößt Projekte aus eigenem Antrieb an, agiert statt nur zu reagieren und handelt statt zu verwalten. Führung gestaltet damit Entwicklungen, schlägt neue Wege ein. Das Handeln ist zielorientiert und stringent. Eigene Erfolge sind positive Wegmarken, Mißerfolge kein Weltuntergang. Leistungsziele werden zwar hoch, aber erreichbar festgesetzt. Die eigene Arbeit wird zielorientiert und zeit-ökonomisch organisiert. Es geht darum, nicht nur viel (input-orientiert), sondern „effizient" (also im Vergleich input zu output) zu arbeiten. Die Führungskraft der Zukunft fröhnt dabei nicht dem „workaholic", sondern hat seinen notwendigen Ausgleich und sein Engagement auch im privaten Bereich.

7. Das Management der Zukunft entscheidet und führt kooperativ und integrierend.

Es verfügt über ein hohes Einfühlungsvermögen gegenüber Mitarbeitern eigenen Vorgesetzten und Kollegen. Es delegiert Verantwortung und läßt Mitarbeiter eigene Initiativen entwickeln. Kooperatives Management führt, ohne zu dominieren. Ein „wir" statt eines „ichs" steht im Vordergrund.

8. Das Management der Zukunft entscheidet und handelt verantwortungsbewußt.

Es erkennt den gesellschaftlichen Kontext und die gesellschaftliche Verantwortung des Unternehmens und stellt sich dieser Herausforderung. Es bezieht gesellschaftliche und ökologische Dimensionen in sein Denken und Handeln mit ein und weiß um die Langfristigkeit und die Wirkungen seiner Entscheidungen. Die persönliche Annahme von Verantwortung unterscheidet Führungspersonen von Jobinhabern. Dabei werden die Bedürfnisse der Mitarbeiter erkannt und beachtet.

9. Das Management der Zukunft führt mit Vertrauen

Nur wenn es Führungskräften gelingt, ein Klima von Vertrauen zu schaffen, werden eigenständige Leistungen möglich, kann sich Kreativität entfalten. Nur dann schwinden auch Ängste vor Verantwortung, kann Entscheidungsschwäche reduziert werden und können Innovationshemmnisse beseitigt werden. Die Mißtrauensorganisation, wie sie in den meisten Unternehmen noch immer gepflegt wird, führt in die falsche Richtung. Ohne Vertrauen kann niemand mehr der Vielfalt der künftigen Führungsanforderungen gerecht werden.

10. Das Management der Zukunft denkt vernetzt und ganzheitlich.

Es entscheidet Einzelprobleme im Gesamtkontext des Unternehmens und versteckt sich nicht hinter Abteilungsgrenzen. Es weiß um die Relevanz von Querschnittsfunktionen und wehrt sich gegen einengende Ressort- und Bereichsegoismen. Es ist sich bewußt, daß eigene Entscheidungen auch Auswirkungen in anderen Bereichen nach sich ziehen. In interfunktionalen Zusammenhängen zu denken und zu gestalten ist für die Führung von morgen zwingend. Ganzheitliches Denken ist kein Modewort oder aktueller Trend, sondern täglich geübte Praxis.

Diese grundlegenden Forderungen an den Manager und an die Personalentwicklung von morgen sichern nicht nur die Existenz der Unternehmen, sondern erhöhen gleichzeitig die Marketing-Effizienz und Kundenorientierung. Der daraus resultierende Merksatz für das Management der Zukunft lautet: Kunden- und Marktbeziehungen können nie besser sein, als die Beziehungen im Unternehmen, zwischen Führung und Mitarbeiter sowie zwischen verschiedenen Abteilungen. Denn Kunde und Lieferant sind wir in gewisser Hinsicht alle.

Literatur:

Kirchner, B.: Dialektik und Ethik – Besser führen mit Fairneß und Vertrauen, Wiesbaden 1992

Lukas, A.: Welche Kompetenz Führung braucht, in: Schuppert, D. (Hrsg.): Kompetenz zur Führung – Was Führungspersönlichkeiten auszeichnet, Wiesbaden 1993, S. 113-139

Lukas, A./ Vetter, U.M. (Hrsg.): Management 1993 – Ein Lesebuch, Wiesbaden 1993

Schuppert, D./ Lukas A. u.a. (Hrsg.): Langsamkeit entdecken, Turbulenzen meistern – Wie Sie sich für turbulente und dynamische Zeiten rüsten können, Wiesbaden 1992

Schuppert, D./ Lukas A. (Hrsg.): Lust auf Leistung – Die neue Legitimation in der Führung, Wiesbaden 1993

Für Ihre Anregungen, Anmerkungen und Notizen:

Für Ihre Anregungen, Anmerkungen und Notizen:

Weitere Titel der Edition GABLERS MAGAZIN

❏ D. Schuppert/I. Walsh/M. Kielbassa/A. Lukas/
R.-G. Hobbeling (Hrsg.): Langsamkeit entdecken,
Turbulenzen meistern – Wie Sie sich für turbulente
und dynamische Zeiten rüsten können,
ISBN 3-409-18723-5, 256 Seiten, 48,– DM

❏ U. Brommer: Lehr- und Lernkompetenz erwerben –
Ein Weg zur effizienten Persönlichkeitsentwicklung,
ISBN 3-409-18722-7, 152 Seiten, 36,– DM

❏ W. Burckhardt (Hrsg.): Schlank, intelligent und schnell –
So führen Sie Ihr Unternehmen zur Hochleistung,
ISBN 3-409-18 31-6, 206 Seiten, 36,– DM

❏ R. J. Schätzle: Marktüberlegenheit und persönliche
Effizienz – Wie Sie mit integriertem Management
Ihr Unternehmen fitter machen,
ISBN 3-409-18732-4, 200 Seiten, 36,– DM

❏ B. Hommerich, M. Maus, U. Creusen: Die Chance Innovation – Wie Sie Wandel mit Mitarbeitern leben und gestalten, ISBN 3-409-28735-3, 168 Seiten, 48,– DM

❏ D. Schuppert/A. Lukas (Hrsg.): Lust auf Leistung – Die
neue Legitimation in der Führung, ISBN 3-409-18734-0,
197 Seiten, 48,– DM

❏ J. Mees/S. Oefner-Py/K.-O. Sünnemann: Projektmanagement in neuen Dimensionen – Das Helogramm zum
Erfolg, ISBN 3-409-18726-X, 218 Seiten, 48,– DM

❏ W. Saaman/K. Bredemeier/A. Eckstein/K. Hildebrandt
(Hrsg.): Führungspower – Konzepte für mehr Effizienz,
ISBN 3-409-18724-3, 174 Seiten, 48,– DM

❏ K.-O. Sünnemann/S. Oefner-Py/J. Mees/H. Lodden-
kemper: Sinn-Management – Mehr Effizienz durch Zusammenwirken, ISBN 3-409-18739-1, 174 Seiten, 48,– DM

Weitere Titel der Edition GABLERS MAGAZIN

- ❑ D. Schuppert/A. Lukas (Hrsg.): Signale zum Aufbruch – Was Manager der Zukunft auszeichnet, ISBN 3-409-18774-X, 206 Seiten, 48,– DM

- ❑ S. Behrend/Mummert & Partner FVT: Fit in Schlips und Kragen – Ein Trainingsleitfaden für den Berufsalltag, ISBN 3-409-18779-0, 168 Seiten, 48,– DM

- ❑ S. Skirl/U. Schwalb (Hrsg.): Das Ende der Hierarchien – Wie Sie schnell-lebige Organisationen erfolgreich managen, ISBN 3-409-18738-3, 221 Seiten, 48,– DM

- ❑ B. Heitger/C. Schmitz/B. Zucker (Hrsg.): Agil macht stabil – Die Zukunft der internen Dienstleister, ISBN 3-409-18777-4, 216 Seiten, 48,– DM

- -

Bestellen Sie Ihr Exemplar noch heute!

Hiermit bestelle ich die oben angekreuzten Bücher gegen Rechnung:

_____

Name, Vorname (ggf. Firma)

_____

Straße

_____

PLZ/Ort

_____

Datum/Unterschrift

Gabler Verlag, Redaktion GABLERS MAGAZIN, Taunusstraße 54, D-65183 Wiesbaden, ☎ 0611/534 263

Fax 0611/534 430